Živko Marković

Dijalektika
POLNE LJUBAVI

Naučna

Beograd, 2001.

DIJALEKTIKA POLNE LJUBAVI
Živko Marković

Prvo izdanje

Izdavač: ITP „Naučna" D.O.O., Beograd Knez Mi-
hailova 40

Za izdavača: dipl. pravnik Mitar Vasiljević

Kompjuterska priprema: Nenad Ranković

Štampa i povez: Štamparija „Bakar" - Bor

CIP - Katalogizacija u publikaciji
Narodna biblioteka Srbije, Beograd

176

MARKOVIĆ, Živko

Dijalektika polne ljubavi / Živko Marković. - [1. izd.]. - Beograd :
Naučna, 2001 (Bor : Bakar). - 175 str. : graf. prikazi ; 21 cm

Beleške uz tekst.

177.61   159.942   613.88

a) Ljubav   b) Seksualni život   c) Međupolni odnosi
ID=90767628

Unuku DANIELU

SADRŽAJ

UVODNE NAPOMENE

*P*olna ljubav je najveće ishodište ljudske sreće i ljudske nesreće. Ko je imao sreću ili nesreću da doživi polnu ljubav, osećao je se najsrećnijim, i najnesrećnijim na svetu. Ljubavna osećanja su nepresušni izvor neizmerne radosti ali i duboke tuge.

Veruje se da su sreća i nesreća dar neumoljive sudbine. I zaista, polna ljubav dolazi sama. Ne može se sprečiti ni veštački izazvati. Ali postoji i suprotno verovanje da je svako kovač svoje sreće, i da najveću odgovornost za svoju nesreću snose sami nesrećnici.

Da nije tako, bilo bi uzaludno razmišljati o ljubavi jer se njeno unesrećiteljstvo ničim ne bi moglo sprečiti. Mnogi usrećitelji ljudskih duša mozgali su o tome kako da znatiželjive zaljubljenike učine samousrećiteljima, što ni ovde ne može izostati.

Ali to je glavni posao pedagoga. Jednog istraživača interesuju pre svega skrivene veze polne ljubavi s ostalim fenomenima ljudskog života, čije otkrivanje jedino i može pomoći njegovom usrećivanju.

Istraživanjem polne ljubavi najviše su se bavili psihijatri, manje psiholozi, a najmanje sociolozi. To je verovatno zbog toga što je ona i u stručnim krugovima više tretirana kao bolesno nego kao normalno stanje ljudske duše.

7

Ozbiljna istraživanja pokazuju, međutim, da je polna ljubav suštastvena odrednica ljudskog života, nešto najvrednije i najlepše što se doživeti može, zbog čega se i smatra da je „...bolje voleti pa čak i izgubiti nego nikad ne voleti"[1]. U „...prvoj ljubavi sve je doslovce čudesno, obasjano najuzvišenijim osjećajima. U duši djevojke i mladića nalazi se samo jedno lijepo iščekivanje i pripravnost da budu dobri, plemeniti, te da se žrtvuju"[2].

Poznati jugoslovenski seksolog dr Aleksandar Kostić definiše polnu ljubav kao „...zbir pojava u čoveku polu, kao subjektu ljubavi, koje rađa težnja ka određenoj ličnosti drugog pola, kao objektu ljubavi, i koje, putem uosećavanja, vode manje više prisnom uživljavanju u nju, duševnom sažimanju ličnosti subjekta sa ličnošću voljenog objekta, sažimanju praćenom, pored toga, potrebom telesnog dodira odn. genitalnim spajanjem"[3].

Odnos među polno komplementarnim jedinkama je u suštini **društveni** odnos. On je nezamenjiva osnova braka i porodice, na kojima se temelji cela društvena zajednica. Ljubavni par je mala, ali u suštini velika zajednica, iz čijih se internih odnosa razvijaju širi, i najširi društveni odnosi.

Ključna pretpostavka ovog istraživačkog poduhvata je da je slobodna polna ljubav osnova slobodnog društvenog zajedništva. Ona logički sledi iz dijalektičkog sagledavanja

---

[1] Džon Lobok, po navodu Dragoslava Aleksića, *Devojka u ljubavi*, izdanje autora, Beograd, 1937, str. 108.

[2] dr Leon Žlebnik, *Ljubavni odnosi i osjećaji*, drugo izdanje, Nakladni zavod „Znanje" Zagreb, 1965, str. 119.

[3] *Polno saznanje*, „Medicinska knjiga", Beograd Zagreb, 1957, str. 276.

istorijske geneze ljudskog zajedništva, u čijem razvoju spoljašnju prinudu, koja je zamenila krvno srodstvo, mora zameniti nova **unutarnja** koheziona sila, da bi se održalo.

Izgleda da su u pravu oni koji upozoravaju da humane zajednice ne može biti bez humanih individua, ali humanizam individue ispoljava se samo prema drugim individuama, pa se može reći i da humanih individua ne može biti bez humane zajednice. A već na prvi pogled čini se da od polne ljubavi nema humanijeg odnosa među ljudskim individuama.

Kako humanizam individualne polne ljubavi izrasta u opštedruštveni fenomen, može se otkriti samo multidisciplinarnim istraživanjima, u kojima se moraju angažovati i prirodne i društvene nauke. Ovde je učinjen pokušaj da se na osnovu različitih istraživanja pristupi sagledavanju polne ljubavi sa različitih strana, ali su bila neophodna i dodatna istraživanja pošto pojedine strane nisu, ili su samo delimično istraživane.

To je verovatno i zbog toga što se sa polnim osećanjima ne može eksperimentisati pošto se veštački ne mogu izazivati. Najmanje su istraživane najintimnije i najskrivenije, duhovne determinante polne ljubavi, za razliku od njenih nagonskih determinanti, kojima se u naučnoj i stručnoj literaturi posvećuje neuporedivo veća pažnja, što doprinosi da se ona često izjednačava ili brka sa seksom.

Posebnu teškoću za istraživanje predstavlja izrazita individualnost polnih osećanja, koja dosta otežava naučno zaključivanje. Nema ni dve osobe koje polnu ljubav doživljavaju na isti način, a i kod jedne te iste osobe ljubavna

9

osećanja stalno variraju, pa se jednostrano sagledavaju i prikazuju, zbog čega je primena standardnih metoda istraživanja nedovoljno pouzdana.

Zadatak je naučnog istraživanja da iz subjektivnih doživljaja ljubavnih osećanja izvuče ono što je u njima objektivno, tipično i zajedničko. Ali s obzirom na različit stepen razvijenosti tih osećanja, njihova suština se kroz doživljaje različitih individua različito, delimično i protivrečno ispoljava, pa je moguće da se i u samom istraživanju ono što je netipično ili čak atipično, pogrešno protumači kao tipično.

Ako je tačno da je polna ljubav tek u početnoj fazi svog razvoja, onda je razumljivo što je mnogi samo delimično doživljavaju, te se ne mogu ni prepoznati ili se samo delimično prepoznaju u njenim suštinskim određenjima. Svako ljubav shvata onako kako je i doživljava, pa se ni dvoje ne mogu do kraja složiti u njenom definisanju.

Zato se mnogi neće složiti ni sa svim što je u ovoj pisaniji izloženo, što samo po sebi ne mora značiti ni da jesu ni da nisu u pravu jer je sve samo delimična istina. Stvar se samo kroz dijalog može isterivati na čistac, pa i ovaj rad treba shvatiti kao poziv na naučni dijalog radi približavanja što potpunijoj istini o tajnama polne ljubavi.

TEMELJI POLNE LJUBAVI

Dvopolnost polne ljubavi

*P*olna ljubav se često poistovećuje, ili sa duhovnom, ili sa seksualnom privlačnošću, pa se, shodno tome, i protivstavlja seksu, ili intelektu. To su površne i jednostrane opservacije, ali one iz različitih uglova ukazuju na osnovne determinante polne ljubavi, koja se i na **intelektu** i na **seksu** temelji.

U osnovi polne ljubavi je u stvari protivrečno delovanje dve komplementarne sile: **nagonsko-seksualne** i **voljno-intelektualne**, koje potiču iz dva komplementarna centra, odakle se sinhronizovano upravlja svim nagonskim i voljnim radnjama ljudskog organizma. Ljubavna osećanja su proizvod tog protivrečnog delovanja, iz kojeg proističu i sve njihove protivrečnosti.

Zato ona nisu ni samo seksualni ni samo duhovni doživljaj već su istovremeno i jedno i drugo pošto su u njima seksualno i duhovno stopljeni u jedno. *„U pravoj ljubavi postoji ne samo duševno (aseksualno i seksualno) uživljavanje u objekt, nego i telesno (genitalno) spajanje ličnosti, polni akt...“*, po čemu se polna ljubav i razlikuje *„...od ostalih vrsta ljubavi“*[1].

---

[1] A. Kostić, cit. rad, str. 271. i 312.

11

Frojd kaže da „...*o ljubavi govorimo kad u prvi red hoćemo da stavimo duševnu stranu seksualnih težnji, a da potisnemo ili za jedan momenat zaboravimo telesne ili „čulne" prohteve, koji čine temelj...*"[1], ali prema savremenim naučnim saznanjima, temelj polne ljubavi nisu samo čulni, nego i duhovni prohtevi. Osoba suprotnog pola neophodna je ljudskom biću radi zadovoljavanja kako fizioloških, tako i duhovnih potreba.

Ljudski seks se od životinjskog seksa i razlikuje po tome što je duhovno oplemenjen. Ljubav je zapravo „...*osećajna nadgradnja polnog nagona, čisto ljudsko obeležje seksualnosti; ona izdvaja čoveka od drugih živih bića, kao i razum*"[2]. Polna ljubav je produhovljeni (duhom prožeti) seks i proseksualizovani (seksom prožeti) duh; duhom obujmljeni seks i seksom preokupirani duh.

Nije, međutim, svako prožimanje seksa i duha ljubav. Intenzitet emocionalnosti određen je u osnovi stepenom produhovljenosti ljudskog seksa, koja je ne samo različita kod različitih osoba, nego je i kod jedne te iste osobe veoma promenljiva. U zavisnosti od toga, da li je ona mala, osrednja ili velika, govori se o **dopadanju**, **simpatiji** ili o **ljubavi**. Prelazi iz jednog u drugo stanje, koji su rezultat sve boljeg međusobnog upoznavanja, mogući su u oba smera.

Pitanje kad simpatija prelazi u ljubav, analogno je pitanju koliko neko treba da izgubi dlaka na glavi da bi

---

[1] Sigmund Frojd, *Uvod u psihoanalizu*, Matica srpska, Beograd, 1981, str. 309.

[2] Vojislav Jovanović, Marija Jovanović, *Iza zatvorenih vrata*, Dečije novine, Gornji Milanovac, 1991, str. 7.

postao ćelav. Dok kod dopadanja dominira seksualna, kod ljubavi je dominantna duhovna privlačnost. *„Težište prve ljubavi nalazi se u međusobnim naklonostima izrazito duševne prirode, tako da seksualno ostaje nekako u pozadini. Pričinja nam se kao da duševno udivljenje s kojim mlado biće promatra osobu drugog pola, ne dopušta da se erotička žudnja rasplamsa; i kao da ta žudnja tone u međusobnoj duševnoj preokupaciji dvoje mladih ljudi, ali je ona ipak tu, duboko na dnu duhovnog elementa suštinski živa"*[1].

Potpuno odsustvo duhovne privlačnosti je granični slučaj ne samo polne ljubavi nego i **ljudskog** seksa. To je slučaj zadovoljavanja golog seksualnog nagona kada je nekome svejedno da li će seksualni snošaj imati sa ljudskom osobom ili sa životinjom. Razlozi odlučivanja za takvo sladostrašće ne moraju biti samo u duševnim poremećajima već i u odsustvu mogućnosti da se seksualne potrebe zadovolje na ljudski način.

U tom graničnom pojasu je i takozvano **donžuanstvo**, koje je neka vrsta seksualnog sadizma. *„"Don Žuani" nisu sposobni za istinsku ljubav. Više nego karakteristično, za njih je užitak u samom pridobivanju, u osvajanju „ljubavnog objekta", dok im do samog posjedovanja tog „objekta" i nije mnogo stalo. Radi se o tipično muškoj agresivnosti i drskosti, koja teži za zadovoljavanjem u seksualnom uspjehu i za afirmacijom tamo gdje se uspjeh uz minimalan napor može postići"*[2].

---

[1] dr Leon Žlebnik, cit. rad, str. 118.
[2] Isto, str. 131.

Suprotan granični slučaj od gole seksualne privlačnosti je takozvana **platonska ljubav**, kada duhovna privlačnost postoji uz potpuno odsustvo seksualne privlačnosti, odnosno uz seksualnu ravnodušnost. To je u stvari svojevrsni oblik prijateljske ljubavi, koja „...*nije ljubav između polova nego između ljudi...*", zbog čega se „...*sa seksološkog gledišta platonska ljubav ne može smatrati normalnom*"[1].

Ljubav i seks

Polna ljubav je, prema tome, rezultat zajedničkog delovanja dva sasvim različita i međusobno polarizovana činioca, koji mogu delovati i sasvim nezavisno jedan od drugog. Gde nema i seksa i duha, nema ni polne ljubavi, iako seks može biti i bez duha, kao i duha bez seksa. A to znači da su i polna ljubav i seks različite stvari koje idu i zajedno i odvojeno.

Kao osnovna fiziološka potreba živog organizma, **seks** je neizostavni uslov opstanka jedinke i vrste, dok polna ljubav ni kod čoveka nije oduvek postojala, a bez nje se i danas može. Životinje se pare bez ikakvih ljubavnih osećanja, bez kojih često, pa ponekad i sa životinjama, svoje seksualne potrebe zadovoljavaju i ljudi. U funkciji čisto seksualnog sladostrašća i rasterećenja od pukog seksualnog nagona su i **homoseksualizam** (seksualno opštenje između osoba istog pola), **autoseksualizam** (izazivanje orgazma draženjem sopstvenih polnih organa masturbacijom), pa i **polucija** (svršavanje u snu).

---

[1] dr Aleksandar Đ. Kostić, cit. rad, str. 275.

S obzirom na to, **subjekt** seksualnog akta je svaka ljudska jedinka, dok subjekt polne ljubavi može biti samo mentalno zdrava individua. Pošto je polna ljubav seksualnoduhovni i nagonskovoljni doživljaj visokog emocionalnog intenziteta, nju mogu doživljavati samo inteligentne osobe koje su u stanju ne samo da razumno rasuđuju o svojim i tuđim postupcima, već i da suvereno vladaju sopstvenim emocijama. Zato su dijagnoze o nekakvoj duševnoj bolesti zaljubljenika potpuni promašaj, koji upućuje i na potpuno promašenu terapiju.

Ali polna ljubav i goli seks se mnogo razlikuju i po svom **objektu**. Objekt seksualnog akta može biti ne samo bilo koja osoba suprotnog, i svaka osoba istog pola, već i neka životinja, pa i pojedini predmeti neorganske prirode. I više od toga, objekt je (kod seksualnog samozadovoljavanja) često i sam subjekt seksualnog akta. Nasuprot tome, objekt polne ljubavi je ne samo isključivo osoba suprotnog pola (inače se ne bi zvala **polnom** ljubavi), nego sasvim **određena** individua, koja može biti i jedina u životu.

Suštinska razlika između ljubavi i seksa je, međutim, u tome što je seks **fiziološka**, a ljubav **duševna** potreba ljudskog bića. Čoveku je osoba suprotnog pola neophodna ne samo radi fiziološke, već i radi duševne ravnoteže, koje tek zajedno obezbeđuju neophodnu prostornu i vremensku ravnotežu ljudskog života.

Normalno zadovoljavanje seksualnih potreba podrazumeva fiziško (prostorno) spajanje subjekta i objekta potrebe, dok je za polnu ljubav kao duševnu potrebu, prostorna razdaljina od sekundarnog značaja jer je za seks bitno fizičko, a za ljubav duševno **prisustvo** voljene oso-be. Šta više, seksualna želja jača sa približavanjem, a lju-bavna čežnja s udaljavanjem od polnog objekta.

Zato samo za seksualnu privlačnost važi poznata iz-reka „daleko od očiju, daleko od srca", dok bi se, nasuprot tome, za voljenu osobu moglo reći „daleko od očiju a blizu srcu", ili kako se u pesmi peva „tako daleko a tako blizu". *„Zaljubljena devojka* (kao i zaljubljeni mladić - Ž.M.) *leže i ustaje sa mislima na dragu joj osobu. Ona ga vidi, ose-ća i miluje, iako je on daleko od nje na stotine i hiljade kilometara"*[1].

Prostorni kontinuitet (neprekidnost) podrazumeva i odgovarajući **vremenski kontinuitet** ljubavnih oseća-nja, po kojem se ona takođe bitno razlikuje od seksualnog nagona. Seksualna želja traje dok se nagon ne zadovolji, kao što se glad oseća dok se ne utoli, a ljubavna čežnja je relativno dugotrajan i gotovo neprekidan proces, čije je trajanje nezavisno od seksualnog i bilo kojeg nagona. Kao fiziološka potreba, čoveku je osoba suprotnog pola neop-hodna povremeno, dok mu je kao duševna potreba neop-hodna neprekidno. Zato je „...*za bitnost ljubavi čoveka mnogo važniji razmak između zadovoljavanja polnog na-gona nego samo zadovoljavanje: po njemu je on što i dru-ge životinje, a po onome razmaku ono što je čovek"*[2].

To što osobe suprotnih polova trajno vezuje, nisu polni nagoni već polna osećanja, i nije goli seks nego lju-bav. Zaljubljeni parovi duševno komuniciraju i kad fizički

---

[1] Dragoslav Aleksić, cit. rad, str. 26.
[2] dr Aleksandar Đ. Kostić, cit. rad, str. 269.

ne kontaktiraju, a iskrena zaklinjanja u večnu i doživotnu ljubav svedoče o imanentnoj težnji da ona neograničeno traje. Ljubavna žudnja sadrži neodoljivu želju za trajnim i neprekidnim vezivanjem za voljenu osobu.

Ali spajanjem sa voljenom osobom želja za spajanjem prestaje, kao što prestaje osećanje bilo koje potrebe kad se zadovolji. Da bi se ljubavna žudnja obnavljala, posle svakog spajanja neophodno je ponovno odvajanje jer spajanja nema bez odvajanja; kao u svemu, i u ljubavi kontinuiteta ne može biti bez **diskontinuiteta**, ni diskontinuiteta bez kontinuiteta.

Organskim spajanjem duha i seksa povećava se **frekventnost (učestalost) polnih spajanja i razdvajanja**, čime se obogaćuje i upotpunjuje polni, pa i sam seksualni život ljudske jedinke. Kod životinja se seksualnost u suštini svodi na genitalnost (oplođavanje), a „*...u seksualnosti čoveka genitalne pojave su epizodne, kratkotrajne i od sekundarnog značaja za regulisanje društvenih manifestacija i odnosa seksualnosti...*"; zato „*...prirodan red za ljubav čoveka nije da se polni nagon iskorišćuje samo za razmnožavanje, nego i za zadovoljstvo jedinke*"[1].

Ako nema ljubavi, nakon seksualnog pražnjenja nastaje određeni **vakuum** (praznina) u polnim odnosima, sve dok sa nagomilavanjem seksualnog naboja ponovo ne proradi **libido** (sila seksualnog nagona); prema seksualnom partneru nastaje polna ravnodušnost, koja često prelazi u dosadu, pa i nepodnošljivost. Iako „*...spolna privlačnost stvara za trenutak privid sjedinjenja, ipak to „sjedinjenje" bez ljubavi ostavlja strance isto tako udaljenim*

---

[1] dr A. Kostić, cit. rad, str. 14. i 368.

kao što su bili i prije...", jer „...*seksualni akt bez ljubavi nikad ne premošćuje provaliju između dva ljudska bića, osim trenutno*"[1]. „*I čovek sklon perverznim radnjama, seksualnim deliktima ili uspostavljanju trivijalnih, bezličnih i neintegrisanih seksualnih interakcija, može biti seksualno zadovoljan ali ostaje lišen ispunjujućeg osećanja ljubavi*"[2].

Kad je, nasuprot tome, seks oplemenjen ljubavnim osećanjima, polnog vakuma nema. Voljena osoba i nakon seksualnog akta ostaje privlačna ne samo duhovno već i erotski, delujući kao objekt duševne relaksacije i stalne seksualne stimulacije. „*Ljubav je onaj moralni psihološki faktor koji sprečava da se...*" polni odnosi „...*spuste na nivo nekakve „lične higijene*" *ili isključivo biološke potrebe*"[3].

Seksualna privlačnost ne može bez duhovne privlačnosti sama izazvati polnu ljubav, ali kao jedan od nosećih stubova ljubavnih osećanja, bitno utiče na njihovu snagu i trajnost. I njen uticaj je utoliko veći ukoliko je ona veća u odnosu na duhovnu privlačnost, pa može biti i dominantan ako nad duhovnom privlačnošću dominira seksualna privlačnost. Dominacija seksualne privlačnosti može čak toliko prevladati da ljubavna osećanja prerastu u seksualnu opsesiju, koja potiskuje i guši pravu ljubav.

Već to ukazuje i na obrnuti uticaj ljubavi na seks. Pošto je ukorenjena i na seksualnom nagonu, polnoj ljubavi

---

[1] Erich Fromm, *Umijeće ljubavi*, Naprijed, Zagreb, 1986, str. 52. i 18.

[2] Leposava Kron, *Seksualno nasilje*, ITGP Prometej i Institut za kriminološka i sociološka istraživanja, Beograd, 1992, str. 75.

[3] dr Leon Žlebnik, cit. rad, str. 135.

18

je imanentna seksualna žudnja. Kod zaljubljenika se sama po sebi javlja neodoljiva težnja da se u celini (psihički i fizički) identifikuje sa voljenom osobom; da se za nju veže i sa njom zauvek spoji, uđe joj u dušu i telo i u potpunosti joj se preda. Sanja se o prvom poljupcu, prvoj seksualnoj igri, bračnoj sreći, zajedničkom potomstvu i svemu što je sa seksom povezano.

Iz toga je i mogao poteći „...*stari seksualni mit...*" da je „...*za dobar orgazam neophodna ljubav...*"[1], što nije u koliziji sa postavkom da je „...*za dobar orgazam neophodna erotska želja...*"[2], jer je polna ljubav jedan od osnovnih izvora erotske želje. Iako su joj najdublji koreni u seksualnom nagonu, „...*čini se da se seksualna želja lako spaja sa svakom jakom emocijom i da je ona lako podstiče, a ljubav je samo jedna od tih emocija...*", koja „...*nije rezultat adekvatnog seksualnog zadovoljenja, već je seksualno slaganje čak i poznavanje takozvane seksualne tehnike rezultat ljubavi*"[3].

Veza između ljubavi i **orgazma** nije, međutim, ni nužna ni neposredna jer niti je orgazam nasušna potreba ljubavi, koja se može i bez njega voditi, niti je ljubav preka potreba orgazma, koji se može na razne načine izazivati. Nužna i neposredna veza postoji samo između seksualnog nagona i orgazma jer niti se seksualni nagon može zadovoljiti bez orgazma niti orgazma može biti bez seksualnog nagona.

---

[1] Prof. dr Jovan Marić, *Ljubav, seks i depresija,* Slobodan Jović, Beograd, 1998, str. 99.

[2] Isto

[3] Erich Fromm, cit. rad. str. 52.

Uticaj ljubavnih osećanja na orgazam vrši se zapravo preko seksualnog nagona, i to kroz seksualnu predigru koja je sastavni deo **ljubavne igre**. Kad nema ljubavi, seksualna predigra kratko traje ili sasvim izostaje pa se **polni akt** praktično svodi na seksualni snošaj, posle kojeg gotovo redovno izostaje i poželjni nastavak polne igre. Ceo polni akt se tada odigrava samo po sili polnog nagona i stoga ne nastupa pre spontanog postizanja određenog seksualnog naboja potrebnog za izazivanje orgazma.

Ako među seksualnim partnerima ima ljubavi (pa i simpatije ili dopadanja) polni akt se praktično podudara sa ljubavnom igrom, koja može trajati satima, pa i nakon polnog snošaja, što je značajno naročito za podmirenje seksualnih prohteva ženskog pola. Pošto nije samo u funkciji seksualnog nagona, polni akt se tada može po volji produžavati, pa i nezavisno od spontanih nagonskih podsticaja obnavljati.

Ali razlika nije samo u trajanju već i u kvalitetu polnog akta, od čega zavisi i dužina trajanja jer što je veće sladostrašće polnog akta, veća je i želja da duže traje. *„Žena koja voli jednog čoveka, a ne voli nekog drugog, oseća polni prohtev i najsilnije sladostrasne osećaje kad se spaja s prvim, dok ostaje često, ako ne i najčešće, potpuno hladna i neosetljiva prema i najstrasnijim zagrljajima onog drugog...“*[1], što je svakako slučaj i kod muškarca.

Ta razlika proističe otuda što polna ljubav blagotvorno deluje na seks, pojačava seksualnu želju i produbljuje

---

[1] Forel, po navodu dr Aleksandra Đ. Kostića, *Polni život čoveka*, Panteon, Beograd, 1932, str. 181.

polnu privlačnost. Ukorenjena u seksualnom nagonu, ljubavna osećanja oplemenjuju nagonske osećaje čineći seksualno uživanje zanimljivijim i trajnijim. Istovremenim spajanjem duša i tela zaljubljenih, ljubavna i seksualna igra se spajaju u jednu igru kojom se istovremeno zadovoljavaju i duševne i fiziološke potrebe.

Stoga ljubavnom igrom istovremeno započinje i emocionalno i seksualno pražnjenje. Već pri samom susretu sa voljenom osobom naglo se smanjuje emocionalna i seksualna napetost jer započinje smanjivanje i emocionalnog i seksualnog naboja. Ljubavna igra ne počinje prvim poljupcem već prvim pogledom, koji poput nebeske munje deluje na emocionalno i erotsko raspoloženje zaljubljenika.

U toku ljubavne igre, koja se igra dušom i telom, ne vrši se samo izliv ljubavnih osećanja već i lučenje polnih organa, što zajedno stvara opojno psihosomatsko (duševno-telesno) zadovoljstvo relaksirajuće za ceo ljudski organizam. Samim izlivanjem ljubavnih osećanja bude se i pobuđuju sile polnog nagona, koje počinju da deluju i pre spontanog nagonskog akta, tako da se cela ljubavna igra praktično preliva u seksualni akt.

Zato orgazam nema u ljubavi onakav sladostrasni značaj kakav ima u golom seksu jer se seksualno sladostrašće doživljava kroz celu ljubavnu igru. *„Kad se dvoje vole, može im i sama spolna igra pružiti veliko zadovoljstvo; ne mora se na nju uvijek nadovezati snošaj, niti mora svaki spolni odnos završiti obostranim orgazmom...“*, za čije *„...postizanje nije ni potreban snošaj...“* pošto ga *„...i žena i muškarac mogu doživjeti i u spolnoj igri“*[1].

---

[1] Košiček, po navodu Miodraga D. Miloševića i Nevenke M. Bogdanović, *Mladi i ljubav*, Papirtrgovina, Beograd, 1996, str. 58.

Ni orgazam ni polni snošaj se stoga ne mogu smatrati krajnjim ciljem i ostvarenjem polne ljubavi. U svakom slučaju, ljubavna igra se ne završava ni orgazmom ni snošajem. Kad je seksualna želja prejaka i seksualni naboj prenapregnut, do orgazma može doći već na samom početku ljubavne igre, a u toku igre može se i više puta ponoviti, ili ga čak ne mora ni biti da bi seksualna želja bila zadovoljena s obzirom da se zadovoljava tokom cele igre.

Onakav kakvim ga seksolozi definišu, orgazam je krajnji cilj i potpuno zadovoljenje samo golog nagonskog seksa. A što se ljubavi tiče, on je samo sastavni ali neobavezni deo ljubavne igre, koja je sama sebi krajnji cilj i najveće zadovoljstvo. Ona nije čak ni kao druge zabavne igre u kojima zadovoljstvo pričinjava i pobeda nad partnerom, jer je polna ljubav igra bez pobednika i pobeđenog.

Stoga se orgazam ne može smatrati ni vrhuncem ljubavnog zadovoljstva. On je samo vrhunac seksualnog sladostrašća, a vrhunsko zadovoljstvo polne ljubavi pričinjava doživljaj **uzvraćanja ljubavnih osećanja**; „...*puno zadovoljstvo može se (po A. Kostiću) osetiti samo kada se ljubav uzvraća od objekta. tj. kad i voljeni objekt postane subjekt ljubavi*"[1].

U toj funkciji, „...*jedan pogled, jedan dodir ruke mogu biti vrhunac ljudskog života*"[2]. Ni za jednog zaljubljenika nema veće sreće od uzvraćanja njegovim osećanjima istom merom.

---

[1] *Polno saznanje*, isto, str. 265/6.

[2] Petar Bokun, *Psiha i tijelo*, izd. autora, Split, 1974, str. 44.

Za razliku od ljubavnog zadovoljstva, seksualno sladostrašće nije nužno uslovljeno istovremenim orgazmom, mada je „...*istovremenost završnog sladostrašća pogodba za potpuno zadovoljenje muškarca i žene, i za puno i podjednako uživanje u obljubi...*"[1], čemu najviše uzvratna ljubavna osećanja (iako ne uvek) mogu doprineti. Kad takva osećanja postoje, seksualni partneri će bar nastojati da obe strane, bez obzira na vreme svršavanja, budu podjednako zadovoljene.

Uzajamnost ljubavnih osećanja je uslov obostrane aktivnosti partnera u seksualnoj igri, koja je čini zanimljivijom i sladostrasnijom nego kod čisto nagonskog seksa, gde je „...*ženina uloga u polnoj radnji pasivna i trpna*"[2]. Za razliku od animalnog seksa gde su uloge seksualnih partnera prilagođene prirodi polnih organa, u ljubavnoj igri inicijativa je obostrana, pa se nikada ne zna ni sa koje će strane poteći početni izazov, što i seksualnu igru podiže na viši erotivni nivo.

Pored pozitivnog, između polne ljubavi i seksa postoji, međutim, i **negativno dejstvo**. Seksualni nagon može na ljubavna osećanja i negativno uticati, kao što je moguć i negativni uticaj ljubavnih osećanja na polni nagon, zbog čega je polni život čoveka mnogo komplikovaniji i dramatičniji od životinjskog.

S obzirom da je seks jedna od osnovnih determinanti polne ljubavi, **seksualna nemoć** (impotencija kod muškarca, a frigidnost kod žene), koja može biti prouzrokovana

---

[1] dr Aleksandar Đ. Kostić, *Polni život čoveka*, isto, str. 27.
[2] Vidi isto, str. 141.

raznim, poznatim i nepoznatim činiocima, umanjuje pol-
nu privlačnost, stvara seksualnu apatiju i kod polnog par-
tnera izaziva razočarenje i sumnju u postojanje uzvratnih
osećanja. To neizbežno dovodi do nepoželjnih komplikaci-
ja u polnim odnosima, a često i do raskida, sa manje ili
više tragičnim posledicama.

 Nasuprot tome, **seksualna nezajažljivost** potis-
kuje polna osećanja, čime se ljubavna nežnost degradira
jer u prvi plan izbijaju seksualni prohtevi. Problemi nas-
taju naročito kad se seksualna nezajažljivost javlja samo
kod jednog partnera, koji postaje nezadovoljan adekvat-
nim uzvraćanjem drugog, sumnjajući u postojanje uzvrat-
nih osećanja.

 Najčešći je slučaj **neujednačenosti seksualnih
prohteva**, koja najviše rezultira iz nejednake seksualne
potencije polnih partnera, koja je i kod jednog istog part-
nera, zbog različitih uticaja, promenljiva. Najgore je kad
se zbog toga počnu javljati sumnje u postojanje uzvratnih
osećanja ili u vernost, čime se provociraju međusobne za-
đevice koje izazivaju eroziju ljubavnih osećanja. Iz sasvim
bezazlenih početnih nesporazuma mogu se vremenom iz-
roditi veliki razdori, koji često završavaju potpunim raski-
dom polnih odnosa.

 Slične probleme stvaraju i **neujednačena polna
osećanja**, pa i samo uobraženje da su ona kod polnog pa-
rtnera slabijeg intenziteta. Potpuna i trajna podudarnost
ljubavnih osećanja je, međutim, praktično neostvariva jer
se ona i kod jednog istog partnera, zbog različitih uticaja,
stalno menjaju, slabe ili jačaju. Nezadovoljstvo osećanjima
polnog partnera neminovno utiče na slabljenje seksualne

24

potencije, čime se stvara nezadovoljstvo i na suprotnoj strani, a polni odnosi još više pogoršavaju.

Na seks mogu nepovoljno uticati i **prejaka ljubavna osećanja**, koja blokiraju ispoljavanje seksualnog nagona, kao što je slučaj i sa drugim snažnim emocijama (strahom, tugom, zalošću). Iz iskustva seksološke terapije navode se primeri seksualne nemoći sa voljenom osobom i u slučajevima izrazito snažne potencije, koja se bez problema ispoljava u polnim odnosima sa drugim osobama. To pored ostalog, ilustruje i slučaj „...*mladića, kao od brda odvaljenog momka koji je s devojkama koje je dobio na brzinu, bio pravi seksualni atleta, dok je kod svoje „ozbiljne" devojke već mjesecima bio nemoćan*"[1].

Najnepovoljnije je, međutim, kad ljubavnih osećanja uopšte nema. Tada samo od gole seksualne privlačnosti i drugih, neerotskih okolnosti zavisi da li će se polni odnosi uopšte uspostaviti i dokle će se održavati. Ali tada je polni život neuravnotežen, monoton i dosadan, a seksualna vernost pred velikim iskušenjima, što polno zajedništvo čini veoma labilnim.

Ljubav i intelekt

„*Ljubav je delo „glave", a ne „srca"...*"[2], kažu istraživači ljudskih duša. Ma koliko da je napajana spolja i utemeljena u polnom nagonu, ona se „kuva" u duhovnoj „kuhinji" moždanih komora. Sve što u njoj nije nagonsko

---

[1] Petar Bokun, cit. rad, str. 40.
[2] Miodrag D. Milošević, Nevenka M. Bogdanović, cit. rad, str. 93.

25

i životinjsko, potiče i dotiče od ljudskog **intelekta**, koji se poigrava sa nagonskim strastima.

To velikom seksologu Kostiću daje za pravo da ljubav nazove „...*očovečenjem polnosti*...“[1], a ljubavnom poeti Dučiću da je proglasi „...*najvećom mudrošću i najfinijom duševnošću*...“, nalazeći u njoj „...*dokaz inteligencije, jer čovek bez ideja i prostak bez vaspitanja ne mogu biti zaljubljeni*“[2]. I poznati antropolog svetskog glasa Erik From naglašava da „...*voljeti nekoga nije samo jako osjećanje - ono je odluka, sud, obećanje*“[3].

Sva ljudska osećanja su prožeta **mislima** ali ni jedno toliko i tako snažno kao polna ljubav. U mislima se sa voljenom osobom „...*leže i ustaje...*“, vode beskrajni razgovori, izriču neizreciva osećanja. Voljena osoba je u mašti zaljubljenika čak i „...*u krevetu...*“ sa drugom individuom jer je „...*bogatstvo seksualnih erotskih fantazija jedan od uslova za tzv. seksualnu uspešnost...*“[4], pošto „...*fantazija može biti privlačnija i od realnosti...*“ zato što „...*u fantaziji ljubavnik može uvek biti čist, vatren, osećajan, što čak i „najatraktivnija i najpoželjnija“ osoba ne može biti*“[5].

Opojnost ljubavnih osećanja i proističe otuda što im je imanentna **težnja ka idealizaciji**, zbog koje „...*ni najmudriji čovek ne vidi nijedan predmet onakav kakav*

---

[1] Vidi: *Polno saznanje*, isto, str. 423.

[2] Isto, str. 330.

[3] Cit. rad, str. 54.

[4] prof. dr Jovan Marić, cit. rad, str. 100.

[5] Liz Hotkinson, *Opsesivna ljubav*, Narodna knjiga - Alfa, Beograd, 1995, str. 67.

je..."[1] već onakvim kakvim želi da je. Zato je „...*ljubav* (po Morou) *skoro uvek samo živa igra mašte...*", a „...*bez maštanja i ne vredi ništa*"[2]. I čarobni romansijer Meša Selimović priznaje: „*Čak i da je imala velikih mana, ja ih ne bi znao; potrebna mi je savršena, i ne mogu dopustiti da to ne bude*"[3].

Polna ljubav zapravo najsnažnije izražava jednu od najvećih ljudskih vrlina - neodoljivu težnju ka **savršenstvu**, bez koje ni ljudski život ne bi značio ništa, jer je ona glavni izvor stvaralačke aktivnosti čoveka, na kojoj počiva razvitak i sam opstanak ljudskog roda. Njena neodoljivost se u polnoj ljubavi ispoljava kroz uporno nastojanje da se ne samo u mašti iskristališu već i u životu ostvare idealni polni odnosi, odakle potiču sva ljubavna zadovoljstva ali i sve ljubavne patnje.

Zbog toga što uvek ističe nerealne zahteve, idealna ljubav se doživljava samo u **snovima** - u snu i na javi. Slatki ljubavni snovi su neprirodno uzbudljivi zato što izražavaju neostvarene i neostvarive želje, ali oni su zapravo veoma ubedljiva ilustracija kolika je i kakva je uloga ljudskog intelekta u kreiranju ljubavnih osećanja. Opsesivno zaljubljena Liz Hotkinson nam iskreno saopštava kako je „...*konačno odlučila da ide do kraja...*"[4] jer je stalno sanjala Džona, tako živo, da se budila.

[1] Stendal, navod Dragoslava Aleksića, cit. rad, str. 27.
[2] Andre Moroa, navod, isto, str. 32.
[3] Navod, Miodrag D. Milošević, Nevenka M. Bogdanović, citirani rad, str. 35.
[4] Cit. rad, str. 132.

Možda ništa uverljivije od **opsesivne ljubavi**, koja se odigrava bez stvarnog ljubavnog objekta, i ne govori o toliko nenadmašnoj **erogenoj snazi ljudskog intelekta** da pod njenom dominacijom ni sam sobom ne može vladati. Obuzet imaginacijom erogenog idola koja ne nailazi na odziv realnog objekta, on, uporno nastojeći da to postigne, svu svoju energiju usmerava u jednom pravcu zapostavljajući sve ostale funkcije, a kad ne uspeva da ostvari cilj, dovodi sebe do ivice ludila. Ali „...*ne samo erotična mašta, nego i uzvišena i idealna ljubav, zauzima čitav duševni život. Samo se jedno misli i samo jednom se teži: „Ti... i samo ti... Sve drugo je sporedno""*[1]. Zaljubljenik „...*misli na poseban način, neprestano predočava sebi isti objekat, isključivo taj objekt"*[2].

Analizirajući sopstveno iskustvo, Liz Hotkinson nam otkriva da je opsesivna ljubav „...*lažna, da je sami stvaramo, da je nešto što potiče samo iz nas a ne iz druge osobe... Znamo da nas te osobe neće zavoleti, ali mozak skoro odmah zatvara tu informaciju, i ponaša se kao da će osećanja biti uzvraćena. Ono što se dešava je jaka privrženost snu, idealu..."*[3], čijem se ostvarenju po svaku cenu teži.

Da se radi o samozaljubljivanju u sopstvene imaginarne idole, a ne o istinski **polnoj** ljubavi, govori i „...*to da oni koji su skloni opsesivnoj ljubavi, već imaju izrađenu sliku vrste osobe u koju bi se rado zaljubili, i tako prva osoba koja makar malo odgovara nacrtu, postaje objekt*

---

[1] Krainski, navod, Dragoslav Aleksić, cit. rad, str. 31.

[2] Pierre Janet, *Ljubav i mržnja*, Naprijed, Zagreb, 1968, str. 211.

[3] Cit. rad, str. 87. i 88.

opsesije... To su samo misli o željama. Ako dugo čeznete da sretnete lepog princa, pre ili kasnije ćete ga sresti ili, barem, pojaviće se neko ko će ispuniti tu funkciju"[1].

Dokaze da je u pitanju erotska hiperprodukcija samog intelekta, pružaju pored ostalog, i: činjenica da opsesivna ljubav gotovo u potpunosti parališe seksualni nagon, pa „...*kada je seks deo opsesivne veze, i on će biti nezadovoljavajući kao i drugi aspekti veze...*"[2]; i pojava da se opsesivno zaljubljuju uglavnom nedovoljno zaposleni „...*obrazovani ljudi, ili ljudi u procesu obrazovanja*". U svojim istraživanjima antropolog Branko Bokun „...*došao je do zaključka da se opsesivna ljubav skoro uvek dešava u vreme kada osoba nema dovoljno šta da radi...*", da niko od ispitivanih slučajeva „...*nije bio zanatlija...*" i da su „...*svi radili upotrebljavajući mozak*"[3].

Sama opsesivna ljubav je najbolji dokaz i najupečatljiviji pokazatelj izuzetne moći i krajnje nemoći ljudskog intelekta: moći da celokupnu energiju ljudskog organizma mobiliše i usmeri u određenom pravcu, i nemoći da savlada nešto što je objektivno izvan njegove moći. Ma koliko nesrećni opsesivni zaljubljenik želeo i upinjao se da nekoga osvoji, neće u tome uspeti ako slična želja ne postoji i na drugoj strani, što sa svoje strane samo potvrđuje nepobitnu istinu da se bez dvoje ništa, pa ni istinska ljubav roditi ne može.

Granice moći i nemoći su granice **slobode i ropstva** ljudskog intelekta i ljudske individue, što se u polnoj

---

[1] Isto, str. 164. i 87.

[2] Vidi isto, str. 31. i 89.

[3] Isto, str. 75. i 73.

ljubavi zapravo najdramatičnije doživljava. From kaže da je „...*ljubav dijete slobode...*"[1], ali to je samo pola istine ako se ne kaže i da je sloboda dete ljubavi. I stvarna i opsesivna ljubav najbolje pokazuju gde se rađaju duševna sloboda i duševno ropstvo, a duševna sloboda je neuporedivo draža od fizičke slobode, kao što je duševno ropstvo neuporedivo nepodnošljivije od fizičkog ropstva.

Opsesivna ljubav je kao noćna mora. „*Kad god vas obuzme opsesija, nemate više energije za druge radnje ili misli. Čini vam se da ste rob toj osobi, i da ste izgubili sposobnost da razmišljate i delate racionalno. Preovlađujuće osećanje je osećanje agonije umesto ekstaze i sreće. Vaš život je sužen do te mere da mislite da je jedina važna stvar ta osoba. Osećate se kao da ne postojite u prisustvu voljene osobe, kao da vi niste važni. Preživljavate divlje promene raspoloženja, od ljubavi do mržnje. Ne znate kako da se ponašate. Ne možete da jedete ili spavate normalno. Gubite interesovanje za svoj izgled. Vaše zdravlje pati. Imate užasan osećaj izolacije, osećanje da niko nikada nije tako patio. U očaju, dolaze vam misli o samoubistvu možda i ubistvu. Vaša voljena osoba je nekako nedohvatljiva, nedostižna*"[2].

To pokazuje koliko je iluzorna ljubav teško robovanje sopstvenim iluzijama, teže i od najtežeg fizičkog robovanja. Opsesivni zaljubljenik se hermetički zatvara u samog sebe, odvaja od ostalog sveta, ignorišući sve sem promašenog objekta svoje opsesije, u čije se zatočeništvo bez ičije prisile sam strmoglavljuje. Samozatočeništvo u

---

[1] Cit. rad, str. 31.
[2] Liz Hotkinson, cit. rad, str. 174. i 111/2.

ljubavi bez ljubavi, hara na taj način kao teška i gotovo neizlečiva duševna mora, potpuno gušeći ličnu slobodu samounesrećene individue, koje ne može biti bez stvarne komunikacije sa drugim ljudskim individuama.

Polna ljubav zapravo najbolje pokazuje da je stvama sloboda individue u drugoj individui. Nalazeći put za ostvarenje svojih želja u željama voljene osobe, zaljubljenik se oslobađa zatočeništva sopstvenim individualizmom kao najteže lomljivog okova kojim se sam okiva, i najskučenijeg zatvora u koji se od ostalog sveta zatvara. U zagrljaju voljene osobe oseća se kao ptica na grani odakle kud zaželi poleteti može. Ako je najveća nesreća u neostvarenoj, najveća sreća je u ostvarenoj ljubavi.

U ostvarenoj ljubavi se **nužnost** pretvara u slobodu, a **sloboda** u nužnost. Ako se zaljubljivanje ne može izbeći, ono se doživljava kao nešto što se najviše poželeti može gde se moranje i htenje stapaju u jedno. I u najvećem ljubavnom bolu niko se od ljubavi bez najvećeg bola ne rastaje. Polna ljubav je kao najopojnija droga koje se ne možete odreći ni kad vam dušu do temelja razara, ona je prinudna sloboda i dobrovoljno ropstvo.

Ropstvo se u polnoj ljubavi izjednačava sa slobodom a sloboda sa ropstvom. Zaljubljenik je najveći zarobljenik i najveći porobljenik, najpokorniji sluga i svevišnji gospodar ljubljene osobe. Sama ljubavna osećanja nas gone da za voljenu osobu činimo sve što zaželi, i istom merom nam se uzvraća i kad ništa ne očekujemo. *„U istinskom ljubavnom odnosu, dvoje ljudi koji se vole, jedno drugome daju i jedno od drugoga primaju"*[1].

---

[1] dr Leon Žlebnik, cit. rad, str. 204.

31

From kaže da se „...*aktivni karakter ljubavi može izraziti tvrdnjom da je ljubav davanje, a ne primanje...*"[1], ali davanja nema bez primanja; davanje na jednoj, je primanje na drugoj strani. „*Davanjem činimo i drugu osobu davaocem i oboje sudelujemo u radosti onoga što je oživljeno*"[2]. Sa kolikom radošću daje, toliko se svaki zaljubljenik i raduje kad prima jer uzvraćanje je dokaz uzvraćene ljubavi, za kojom stalno vapije. Za Froma je davanje „...*najviši izraz moći...*" jer davalac „...*u samom aktu davanja doživljava svoju čvrstinu, svoje bogatstvo, svoju snagu...*"[3], bez čega nema nikakve slobode, koju svako, onoliko koliko je moćan, sam sebi donosi.

Ljudska sloboda se stiče upravo davanjem a ne otimanjem, snagom ljudskog uma a ne fizičkim nasiljem, što se najbolje ogleda baš u polnoj ljubavi, koja „...*ne podnosi silu ma sa koje strane dolazila...*"[4], i koja se bez duhovne naklonosti i duševne privlačnosti nikakvom prinudom iznuditi ne može. Kao najveće ostvarenje ljudske slobode, polna ljubav se stiče **dobrovoljnim** davanjem i **dobrovoljnim** predavanjem voljenoj osobi, od koje se ne traži ništa, a dobijanjem ljubavi dobija sve.

Zasnovana na ljudskom intelektu, ljubav je izvorni i najizvorniji oblik ljudske slobode jer su moć i sloboda ljudskog bića u moći i slobodi njegovog intelekta. Zato je

---

[1] Navod, Miodrag D. Milošević, Nevenka M. Bogdanović, citirani rad, str. 137.

[2] Isto

[3] Isto

[4] dr Petar D. Mandić, dr Vladimir F. Erceg, *Problemi polnog razvoja i ponašanja mladih*, II izdanje, IGKRO Svjetlost, Sarajevo, 1977, str. 48.

tautologično (praznorečivo) govoriti o slobodnoj ljubavi, koja se ničim zabraniti i ne može, kao što se nikome ne može zabraniti da misli ako misliti može, pa i sve božije i carske zabrane padaju u vodu kad je ljubav u pitanju.

Čudesna **moć polne ljubavi** koja sve lomi pred sobom da bi se ostvarila, proističe upravo iz generičke moći ljudskog intelekta, zbog čega „...*nema prepreka koje ona ne savlađuje...*", i „...*ništa nije sposobnije da čoveku ulije nadčovečansku snagu i besprimernu hrabrost; ljubav sve pobeđuje*". Stoga „...*tek voleći postajemo ono što smo, a naročito ono što možemo biti...*", ili kako Axelos lepo kaže „...*ljubav je preobražaj latentne snage u aktivnu*"[1].

Ako je sloboda ljudskog bića u stvaralačkoj moći da postojeći svet menja i oblikuje po sopstvenoj želji i zamisli, onda je sloboda polne ljubavi u **stvaralačkoj moći** da menja i oblikuje samo ljudsko biće. Čovek „...*tek kroz ljubav ostvaruje sve svoje sposobnosti...*" i „...*tek je u ljubavi ono što jeste i što može biti*"[2]. Takozvane ostvarene ličnosti su ličnosti ostvarene ljubavi, pune stvaralačke moći i životne energije, optimistički raspoložene, spremne i sposobne da obrću i prevrću ceo svet. Čini se da pred njima nema nesavladivih prepreka, da sa lakoćom postižu sve što zažele i čega se late. „*Balzak u liku Evgenije opisuje kako iskrena ljubav mijenja čovjeka u pozitivnom smislu, čini ga življim, poduzetnijim, odvažnijim, boljim, plemenitijim, manje sebičnim i sposobnijim da razumije prirodu, ljude i život... Ljubav oplođuje ličnost, obogaćuje je neslućeno lijepim sadržajima, daje joj poleta, ispunja je optimizmom*"[3].

---

[1] dr Aleksandar Đ. Kostić, *Polno saznanje*, isto, str. 318. i 285.

[2] Isto, str. 492.

[3] dr M. Košiček, *Seksualni odgoj*, Epoha, Zagreb, 1965, str. 238. i 239.

33

Nasuprot tome, „...*nesrećna ljubav nagriza čoveka, slama njegove duševne sposobnosti i polet, dok mu telesnu snagu ubija, pravi od njega žrtvu umesto zanesenog uživaoca... Nesrećni ljubavnik je bled, ispijen, neveseo, potišten, umoran. Ništa mu se ne mili, gubi poverenje u sebe, osećanje niže vrednosti ovlađuje njime i on postaje pesimist. Nesanica ga muči, javom dominiraju samo fiksne ideje o njegovoj bespomoćnoj nesreći. Pogled mu postaje ugasnuo, ukočen, pun bola i očaja. Sva mu čula zatupljuju: on sluša a ne čuje, gleda i ništa ne vidi. Misaonost mu usahnjuje jer je sva apsorbovana ljubavnom nevoljom*“[1].

Pošto stvaranja nema bez istraživanja, prva ljubav je **prvi istraživački poduhvat** intelekta u stvaranju ljudske ličnosti. Uspeh donosi duševno stabilnu, a promašaj nestabilnu individuu. Stanje se novim ljubavnim doživljajima može manje ili više stabilizovati, ali se posledice preživelih duševnih potresa teško mogu upotpunosti sanirati, pa nije slučajno što se o prvoj ljubavi pevaju tolike žalopojke, a mnogi je sa setom i gorčinom tuge spominju. I Liz Hotkinson nam saopštava kako joj je „...*mnogo naizgled smirenih i srećno oženjenih ljudi i žena, stubova društva, koji žive dostojne, imućne, uspešne živote, reklo da postoji neko koga ne mogu zaboraviti, neko za kim još uvek potajno čeznu*“[2].

Šta je u stvari to što u voljenoj osobi danima i godinama tražimo i istražujemo a nikada do kraja ne istražimo? Pre svega ono što nam nedostaje, pri čemu nailazimo i na nešto što i sami posedujemo, zbog čega nas sve to

---

[1] Isto, str. 316.
[2] Cit. rad, str. 15.

žestoko uzbuđuje i neodoljivo privlači ukoliko u drugoj osobi pronalazimo svoje postojeće i svoje nepostojeće, pronalazeći time svoje **integralno biće**. Ako je goli seks prodiranje u telo, polna ljubav je prodiranje i u dušu i u telo druge osobe sa kojom se vrši polno spajanje, ne zato što nam je slična ili različita već što u njoj nailazimo i na sličnosti i na razlike, koje samo ljudski um razlikovati može.

To što je u raznim individuama **slično** ili **isto**, i čime se one međusobno poistovećuju, nisu njihova individualna nego generička svojstva, nije pojava već **suština** njihovog bića. From kaže da „...*erotska ljubav, ako je doista ljubav, pretpostavlja jedno: da ljubim iz suštine svoga bića i da doživljujem drugu osobu u suštini njegova ili njezina bića...*", ali „...*žudnje za potpunim stapanjem, za sjedinjenjem s drugom osobom...*"[1] ne bi bilo kad se suština ljudskog bića ne bi u raznim osobama različito ispoljavala jer se poistovećivati moze samo ono što je različito, i sjedinjavati nešto što je razjedinjeno.

Sva draž polne ljubavi i proističe otuda što se iza pojavne različitosti otkrivaju suštinske istovetnosti, ali otkrivanja neće biti bez **obostranog otvaranja**, kao što se inače niučiju dušu ne može prodreti ako je hermetički zatvorena. „*Voljeni objekt tek uzvraćanjem ljubavi otkriva svoje neiscrpne riznice, sva svoja bogatstva osećanja i misli, sve lepote i dobrote, razastirući najskrivenije kutove svoje ličnosti*"[2]. Zato ljubavne igre ne može biti bez aktivne uloge oba igrača koji jedan u drugom traže samog sebe, a kad nema ljubavne igre nema ni ljubavi, čije se svo

[1] Cit. rad, str. 53. i 51.
[2] dr Aleksandar Kostić, *Polno saznanje*, isto, str. 421.

zadovoljstvo sastoji upravo u tom zajedničkom otkrivanju i uzajamnom pronalaženju sebe u drugome.

Radi toga se uporno insistira na stalnom **potvrđivanju uzvratnih osećanja** i kad je se stopostotno sigurno u njihovo postojanje. *„Zaljubljenici traže stalno uveravanje, dokazivanje bez kraja i konca, da se voli i da će se voleti. Priroda im je usadila u dubinu duše stalnu sumnju, strepnju i zebnju samo zato da bi ih podstakla na davanje sve novijih i sve ubedljivijih dokaza"*[1]. Neizmerno zadovoljstvo od uzvraćenih osećanja izaziva želju za večnim trajanjem, ali i strah da ono jednom može prestati.

Zadovoljstvo, međutim, ne stvara samo uzvraćanje tuđih, već i iskreno izlivanje sopstvenih osećanja. Svaki zaljubljenik stalno pronalazi nove i sve uverljivije dokaze za svoju ljubav jer je potpuno zadovoljstvo tek u obostranom dokazivanju i uzajamnom ispovedanju. Zato je ako stvarna uzajamnost postoji suvišno, a kad ne postoji uzaludno insistirati na dokazima; oni su sadržani u svakodnevnom ponašanju i svakom postupku prema voljenoj osobi.

Stalno potvrđivanje ljubavi proističe iz potrebe stalnog **potvrđivanja ličnog integriteta** zaljubljenika. Ako se voljena osoba doživljava kao integralni deo sopstvenog bića, onda se prema njoj tako i odnosi uz očekivanje da se i ona tako ponaša, što zbog njenog ličnog individualiteta nikad nije sasvim sigurno, i ta nesigurnost izaziva stalni duševni nemir i zebnju od mogućnosti dezintegracije. Gubljenje ljubavi doživljava se kao gubljenje samog sebe jer je

---

[1] Isto, str. 319.

ona „...*najubedljiviji dokaz potpunog zdravlja, potpunog življenja, izraz potpune personalnosti*"[1].

Ali ne doživljava zaljubljenik voljenu osobu samo kao deo sopstvene ličnosti, nego se istovremeno oseća i kao integralni deo **njene** ličnosti, pa se tako i ponaša. Na tome se zasniva potpuna generička jednakost emotivno integrisanih polova, kojom se potvrđuje da se i potpuni integritet ljudskih individua ostvaruje samo u ravnopravnoj integraciji sa drugim individuama. Zajedništvo zasnovano na **jednakosti** dobrovoljno udruženih individua se kroz polnu ljubav u najizvornijem obliku demonstrira kao osnovno generičko svojstvo ljudskog roda.

Generička jednakost nejednakih individua je, naime, nezamenjiva osnova polne ljubavi, koja sem potpunog reciprociteta u međusobnom ophođenju, ne podnosi nikakve drugačije polne odnose. Ovde se iznad svega mora uvažavati sveto pravilo „čini voljenoj osobi sve što želiš da ona tebi čini, i ne čini joj ništa što ne želiš da ona čini tebi", bez čega nema ni iskrenog međusobnog uvažavanja kao bitnog obeležja polne ljubavi.

To se u iskrenoj ljubavi zapravo i podrazmeva jer se voljena osoba doživljava kao **oličenje idealne ljubavi**, prema kojem se odnosi kao prema svevišnjem božanstvu. Ona se identifikuje sa samom ljubavi, u kojoj se vidi smisao života i za koju se sve žrtvuje. Pošto je ljubav nešto najlepše u životu ljudskog bića, voljena osoba je najlepša na svetu pa da je i najružnija. „*Zaljubljeni u duševna svojstva jednog objekta lako previdi njegove telesne nedostatke*

---

[1] Isto, str. 323.

ili ih ublaži, ili ih ulepša, pretvarajući, čak, telesnu ruž-noću u lepotu[1]. Neposrednim izražavanjem samog generičkog bića zaljubljene individue, polna ljubav sva njena individualna svojstva obasjava najblještavijom generičkom svetlošću, pod kojom sve što joj je svojstveno izgleda kao ljudsko.

Poistovećujući se sa voljenom osobom, zaljubljenik sve njeno prihvata kao svoje, diveći se njenim **manama** jednako kao i vrlinama. Šta više, beznedoumično prihvatanje mana mu služi kao jak dodatni dokaz neizmerne ljubavi, koja mu se istom merom uzvraća. *„Balzak ukazuje na istinu da su najčuvenije ljubavne veze u ljudskoj povesnici bile nadahnute od žena koje po običnom merilu pokazuju izvesne nedostatke"*[2].

Ali ljubavna zaslepljenost je naličje **ljubavne preosetljivosti**. Što je ravnodušniji prema ličnim svojstvima, zaljubljenik je kritičniji prema ljubavnim osećanjima, koja su iznad svega, kao najsvetije svojstvo i najviši kriterij vrednovanja voljene osobe. Ljubav (pa sa njom i voljena osoba) je dobra ako je čista kao suza, a loša ako su ljubavna osećanja bilo čime i najmanje pomućena. Sva ogovaranja ljubavnih veza ostaju bez odjeka dok ne dirnu u ljubavna osećanja, kada, čak i u šali, izazivaju velika uzbuđenja.

Nema većeg duševnog udarca za svakog zaljubljenika od izazivanja **sumnje u ljubavna osećanja** voljene osobe jer je sumnja kao izuzetno svojstvo ljudskog intelekta, nerazdvojni pratilac ljubavi. Zato je ona stalno

---

[1] Isto, str. 291.
[2] Isto, str. 384.

prisutna u mislima zaljubljenih, koji neprekidno tragaju za novim dokazima i kad za to nema nikakvog povoda u ponašanju ljubavnog objekta, kao da se radi o pukom nestašluku njihovog razigranog intelekta.

Upravo se o tome i radi jer je sumnja **istraživački nagon** ljudskog intelekta koji stalno goni na preispitivanje postojećih saznanja i traganje za nekom novom **istinom**. I kao što za svakog istraživača nema veće radosti od otkrivanja novih saznanja, tako ni za jednog zaljubljenika nema većeg zadovoljstva od dobijanja novih dokaza o uzvraćenoj ljubavi, zbog čega se kod ljubavnog partnera stalno insistira na iskrenosti. Zadovoljstvo je utoliko veće što su prava ljubavna osećanja uvek skoncentrisana i usmerena prema jednoj određenoj osobi, pa kad se voli jedna jedina osoba na svetu, javlja se neodoljiva želja da se i za tu osobu bude jedan jedini objekt ljubavi.

Zato se za najpouzdaniji dokaz polne ljubavi obično uzima **vernost**, jer „...*dvoje koje se voli osjeća tu međusobnu pripadnost, i što je jače osjeća, to više njihovu ljubav ispunjuje ono što ih sprečava da takve lične ljubavne veze začinju sa još kojom drugom osobom...*", što „...*sama njihova ljubav isključuje*"[1]. To podrazumeva da se ljubav i neverstvo, u principu, sami po sebi isključuju, pa gde je ljubav nema neverstva, a gde je neverstvo nema ljubavi.

U svakom slučaju, zaljubljenici ne podnose ili teško podnose neverstvo ljubavnog partnera. Iz odgovora anketiranih ispitanika u jednom istraživanju „...*može se zaključiti da su oni za vjernost ljubavnom partneru, da su u*

---

[1] dr Leon Žlebnik, cit. rad, str. 205.

velikom procentu netolerantni prema nevjernim ljubavnim partnerima i da takva pojava kod znatnog broja nailazi na tešku moralnu osudu, poslije koje nastupa prekidanje dalje ljubavne veze. Na pitanje kakav bi stav bio prema partneru sa kojim se zabavljaju ako bi doznali da on održava ljubavne veze sa još nekim, mladi su odgovorili: prekinulo bi dalje zabavljanje 64,56%, a nastojalo bi da eliminiše druge 22,23%"[1].

Zbog nepodnošenja neverstva kao i zbog ispoljavanja ljubomore, polna ljubav se kvalifikuje kao žarište ličnog egoizma ili čak „...*kao najopasnija antisocijalna osobina ljudskog organizma...*"[2], ali to je samo pola istine jer je čovek po prirodi **i egoista i altruista**, što se kroz ljubav najizrazitije ispoljava. Zna se da „...*tko voli, više misli na voljenog čovjeka nego na sebe...*", te „...*stoga nije čudo ako ljubav smatramo najaltruističnijim osjećajem, tj. najmanje samoljubivim*"[3].

Kroz polnu ljubav se, međutim, suštinski prevazilazi suprotnost između egoizma i altruizma jer zaljubljenik istovremeno i daje i uzima; daje uzimanjem i uzima davanjem. Pošto neverstva nema gde ima prave ljubavi, ona ne može predstavljati dokaz egoističkog raspoloženja zaljubljenika, a kod istinske ljubavi nema pravog razloga ni za ljubomoru, te se i ne javlja kad razum suvereno vlada osećanjima. Kad se voljena osoba koleba, pre se napušta nego što se podvrgava ljubomorstvu.

---

[1] dr Petar D. Mandić, dr Vladimir F. Erceg, cit. rad, str. 107.

[2] Jevremović, navod, Dragoslav Aleksić, cit, rad, str. 8.

[3] dr Leon Žlebnik, cit. rad, str. 202.

Polna ljubav najbolje pokazuje da ko ne voli drugog, ne voli ni sebe jer ona i subjektu i objektu ljubavi (koji su istovremeno i jedno i drugo) donosi podjednako zadovoljstvo. I From je u pravu kad kaže da „...*sebičnost i ljubav prema sebi nipošto nisu identične nego su zapravo suprotnosti; sebična osoba ne voli sebe previše, nego premalo; zapravo ona sebe mrzi*"[1].

Kroz polnu ljubav se, prema svemu rešenom, najizvornije izražavaju sva intelektualna ili generička svojstva ljudskog bića; sve ljudsko u njoj je sublimirano. Zato „...*Vajninger ima pravo kada kaže da je čovek ono što je tek kada voli...*"[2], i „...*ako treba da bude sposoban da voli, mora se smjestiti na njegovo najviše mjesto...*"[3], jer je ljubav nešto najviše što dostići može.

Intelekt i seks

Intelekt i seks su u polnoj ljubavi sjedinjeni kao izrazite **suprotnosti**. Jedna je svesna, druga nesvesna, jedna voljna, druga nagonska, a „...*ono što je nagonsko u nagonu suprotno je onome što je inteligentno u inteligenciji*"[4]. Zato stopljeni u jedno, oni daju nešto što je izrazito protivrečno, i svesno i nesvesno, i voljno i nagonsko.

Ljubav uvek dolazi po sili **nagona**: ne možemo se zaljubiti ni kad hoćemo ni u koga hoćemo. Ali intelekt tu silu odmah prihvata kao svoju i počinje njom da se poigrava.

---

[1] Cit. rad, str. 57.

[2] dr Aleksandar Đ. Kostić, Polno saznanje, isto, str. 269.

[3] Erich Fromm, cit. rad, str. 118.

[4] dr Aleksandar Đ. Kostić, Polno saznanje, isto, str. 282.

Ribo kaže da „...*neodoljivost ljubavi počiva u polnom nagonu i samo njemu ima zahvaliti za svoj postanak i opstanak*". I „...*zaista, mi ne volimo što hoćemo, nego što moramo. Prvi podstrek i dalji oslonac ne potiče iz svesti nego od nesvesnog i nagonskog... Snaga i upornost ljubavi leži u nagonskom, ali je njena sreća i tragedija u svesti*"[1].

Intelekt je, međutim, taj koji vodi ljubavnu igru, i to utoliko uspešnije što više ovladava nagonskim silama. Sulcer to veoma slikovito prikazuje kad kaže da je „...*ljubav stablo koje svoje žile ima u telesnome a svoje grane sve više širi i sve bogatije račva iznad telesnog sveta u sferi duhovnoga*"[2].

U osnovi ljubavne igre je **igra intelekta i seksa**, puna nepredvidivih zapleta i raspleta. Vajlder kaže da se „...*duša srdi što postoji' telo, i srdi se telo što postoji duša...*"[3], ali ljubavne igre ne bi bilo da pored srdžbe nema i pomirenja, pored protivljenja - i slaganja. A što se odigrava između duše i tela zaljubljene individue, odigrava se i među ljubavnim partnerima, pa se i u narodnoj izreci izriče: „ko se voli taj se svađa", a u ljubavnim pesmama ispevava: „idu dvoje ne govore a svi znaju da se oni vole", „kad se svađa ljubav je još slađa", i slično.

Ljubavna igra se zapravo zasniva na protivrečnom međudejstvu intelekta i seksa, koje je i pozitivno i negativno, stimulativno i destimulativno. Intelekt i podstiče i potiskuje seksualnu aktivnost, baš kao što i seksualni nagon deluje na duhovnu aktivnost.

---

[1] Isto, str. 269.

[2] Vidi isto, str. 270.

[3] Vidi: Miodrag D. Milošević, Nevenka M. Bogdanović, cit. rad, str. 92.

Seksualni nagon nagonski mobiliše ceo organizam, pa i sam intelekt, koji ne može da ne reaguje na spontane seksualne nadražaje. Kao i kod drugih životnih potreba, misao se pri nezadovoljenim seksualnim potrebama koncentriše na njihovo zadovoljavanje, i ne smiruje se dok se one ne zadovolje. Pri zaljubljenosti okupiranost intelekta seksualnim potrebama je znatno veća, intenzivnija i gotovo neprekidna jer je stalno usmerena prema istom i emotivno obojenom seksualnom objektu.

Ali to je i zbog toga što **zaljubljenički intelekt** i sam svesno podstiče veću seksualnu aktivnost delujući izazivački i mobilizatorski na seksualni nagon i onda kada su nagonske potrebe zadovoljene. Seksualni mehanizam se aktivira i pri samoj pomisli na voljenu osobu, čije fizičko prisustvo nije uvek ni neophodno da bi se veštački izazvana seksualna potreba zadovoljila. To u velikoj meri objašnjava i zašto zaljubljeni seksualnu vernost organski lakše podnose nego nezaljubljeni.

Snagom volje može se dirigovati seksualnom igrom, razbuktavati i stišavati seksualne strasti, odlagati orgazam i produžavati seksualna predigra. Verbalnim izlivom ljubavnih osećanja (tepanjem, divljenjem i sl.) vrši se dodatno seksualno podraživanje kojim se izaziva povećana seksualna mobilnost polnog objekta i njeno povratno dejstvo na podraživanje subjekta. Pored toga, erotskom maštom može se vršiti i seksualno samopodraživanje, kojim se nadomešta i pojačava nedovoljna uzbudljivost seksualne igre.

Pritom se vrši i obrnuti uticaj seksualne aktivnosti na duhovnu mobilnost. Verbalni izliv ljubavnih osećanja,

izaziva se seksualnim sladostrašćem, a nedovoljna nagon-
ska nadražljivost priziva upomoć erotsku fantaziju. Uza-
jamnim podsticanjem nagonske i svesne aktivnosti održa-
va se i pojačava potrebna uzbudljivost seksualne igre.

Seksualna moć podiže ugled voljene osobe čineći je i
duhovno privlačnijom, kao što fantazoidna predstava ko-
ju zaljubljenik o voljenoj osobi stvara, povećava i njegovu
seksualnu moć. Na taj način vrši se međusobno pojačava-
nje seksualne i duhovne privlačnosti, čime se polna priv-
lačnost u celini povećava, a ljubavne veze učvršćuju.

Ali uz međusobno podsticanje ide i **međusobno po-
tiskivanje** nagonske i voljne, odnosno seksualne i duho-
vne aktivnosti. Kostić kaže da je pod snažnim nagonom
„*...uticaj slobodne volje ukočen, dok moral pod silinom
emocije lako obnevidi, jer svojim ljudskim karakterom ne
može da daje otpor nastojanju prirode, niti da menja njen
osnovni cilj...*"[1], ali se snagom intelekta i uticaj polnog na-
gona može do te mere zakočiti da nastupi potpuna seksu-
alna nemoć. Negativno dejstvo može, međutim, imati i ne-
dovoljno snažan nagon, kao i nedovoljno mobilan intelekt.

Preterano snažan seksualni nagon blokira aktivnost
intelekta i tako izmiče njegovoj kontroli, dopuštajući bes-
tijalno ponašanje u toku polnog akta, kojim se seksualni
partner maltretira, uskraćuje mu se puno seksualno uži-
vanje, skrnave polna osećanja i krnji sopstveni ugled u
njegovim očima. Pošto ne nailazi na povoljan odziv, takvo
iživljavanje se pretvara u sadizam ne doneseći ni počinio-
cu puno seksualno uživanje.

---

[1] *Polno saznanje, isto,* str. 276.

Nepovoljan utisak izaziva, međutim, i nedovoljno snažan seksualni nagon. Impotencija ili frigidnost, kao i nezadovoljavajuća seksualna mobilnost u toku polnog akta, ne samo što destimulišu, nego i demorališu polnog partnera, izazivajući sumnje u osećajnost, vernost i iskrenost, što može prerasti i u ozbiljne komplikacije polnih odnosa.

S druge strane, i na seks nepovoljno utiče neodgovarajuća aktivnost intelekta. Svako ozbiljno razmišljanje i razgovori u toku polnog akta koji nisu u njegovoj funkciji, dekoncentrišu seksualnu pažnju i otežavaju njeno privođenje uzbudljivom orgazmu. Ali i odsustvo duhovne aktivnosti u funkciji seksualnog podražavanja, umanjuje čari seksualne igre i moguću uzbudljivost polnog akta.

Harmoničan polni život u ljubavi podrazumeva određenu organsku **ravnotežu** nagonsko-seksualne i voljno-intelektualne aktivnosti. Na to, međutim, pored direktnih, utiču i indirektne veze između intelekta i seksa, kao i mnoge objektivne okolnosti i subjektivna stanja organizma, na što je sve teško uticati.

Jedan od najdramatičnijih indirektnih sukoba intelekta i seksa je insistiranje **na prvom seksualnom aktu** (lišavanju nevinosti) kao dokazu polne ljubavi, i razložnom uzdržavanju od istog. Vlada mišljenje da na tome insistiraju samo mladići, i da se samo devojke opiru, ali dešava se i obrnuto, samo što devojke to diskretnije čine ili bar potajno priželjkuju, a muškarci se rukovode nešto drugačijim razlozima uzdržavanja. U svakom slučaju, radi se o potiskivanju jedne nasušne fiziološke potrebe razlozima moralne i psihološke prirode.

45

Razlozi koje devojke najčešće navode su zabrane roditelja i nesigurnost da će ljubavne, odnosno predbračne polne veze uroditi brakom. Oba razloga su osnovana jer su sankcije roditeljskih zabrana rigorozne, a nevinost neveste na visokoj ceni ili čak jedan od uslova za zasnivanje braka ako nije oduzeta od strane samog supružnika. Prema jednom anketnom istraživanju, „...*58,96% svih ispitanih mladića i devojaka je uvjereno da djevojke koje polno žive prije stupanja u brak, obavezno uživaju lošu reputaciju u očima okoline i onih koji bi mogli biti njihovi budući muževi*"[1]. Osnovana je i bojazan od eventualnog začeća jer se radi pretežno o mladim devojkama koje još nisu obezbedile životnu egzistenciju, kao ni njihovi polni partneri, koji nisu uvek spremni ni da priznaju očinstvo.

Bojazan od začeća i posledica koje bi iz toga proistekle, spada među najčešće razloge izbegavanja predbračnog polnog opštenja, i od strane muškaraca. Zbog obaveza koje bi morali preuzeti, i oni se plaše osude roditelja, a opredeljujući su i „...*moralni obziri, obziri prema partneru i njegovoj porodici*"[2].

To su najčešći moralni razlozi zbog kojih 47,63% anketiranih mladića i devojaka „...*ne bi željeli* (u stvari ne bi hteli - Ž.M.) *imati polni odnos sa svojim budućim bračnim drugom...*"[3] i što je samo 30,5% devojaka, a 77% mladića imalo potpun polni odnos do trenutka anketiranja. A to su i razlozi što omladina svoje seksualne potrebe

---

[1] dr Petar D. Mandić, dr Vladimir F. Erceg, cit. rad, str. 182.

[2] Isto, str. 183.

[3] Isto, str. 154. i 183.

najčešće zadovoljava masturbacijom, homoseksualnim i poluseksualnim odnosima ili ih uopšte ne zadovoljava.

Razlozi uzdržavanja ljubavnih parova su, međutim, više psihološke nego moralne prirode. Oni, pre svega, mnogo lakše podnose uzdržavanje od polnog snošaja jer se seksualno naslađuju u toku same ljubavne igre. Zato je moguće da se godinama „ljubakaju" a da do stupanja u brak ne obave ni jedan snošaj, iako nema tog zaljubljenika koji ne želi potpun polni odnos sa voljenom osobom.

Ako insistiraju na punoj polnoj aktivnosti, zaljubljenici to ne čine toliko pod pritiskom nagonskih sila koliko radi provere same ljubavi. Pretpostavlja se da punu ljubav želi i ljubavni partner ako stvarno voli, zbog čega svako odbijanje izaziva sumnju pa i razočarenje. Sumnja se, međutim, odmah javlja i na drugoj strani jer se jednostrano insistiranje na seksu tumači kao pomanjkanje ljubavnih osećanja. Od nastalog sukoba najviše stradaju upravo ljubavna osećanja, koja međusobno prepiranje, ako potraje, sve više nagriza dok na kraju ne dovede do potpunog raskida, što se dosta često dešava.

Stoga je najbolje da do **prvog snošaja** dođe u toku ljubavne igre spontano i neočekivano, bez ikakvog planiranja i pripremanja, bez pregovaranja i dogovaranja, baš kao što dolazi i do same ljubavi. To potvrđuje i sledeća ispovest jedne razočarane Nataše, koja je odbila zahtev voljenog mladića: „*Da je Dragan imao više strpljenja, da je naša ljubav dostigla do stepena kada se instiktivno teži polnom sjedinjavanju, onda... bih i ja osećala potrebu za polnim odnosima; ovako ja sam ga volela, ludo sam ga volela i možda bih u drugim okolnostima u to ime mogla*

47

i da prihvatim polne odnose kao svesnu žrtvu, kao svoj doprinos našoj ljubavi"[1].

Do uzdržavanja od prvog polnog snošaja sa voljenom osobom dolazi, međutim, i zbog bojazni od neuspeha da se on obavi na najbolji mogući način, kao što se inače želi da u ljubavi sve bude na najvišem nivou[2]. Zbog psihološkog opterećenja, s ispunjavanjem preteranih želja obično traljavo ide, a u polnoj ljubavi utoliko traljavije što su osećanja intenzivnija, usled čega se prvi snošaj retko završava prema očekivanju.

Bojazan od početnog neuspeha je tim opravdanija što ostavlja trajnije posledice na polne odnose, izazivajući, pored ostalog, i sumnju u ljubavna osećanja iako upravo zbog njihovog intenziteta dolazi do smanjivanja seksualne koncentracije. Zato se nakon prvog neuspelog pokušaja teško odlučuje na započinjanje novog snošaja, što je verovatno jedan od razloga da oko 4% anketiranih devojaka „...*posle prvog seksualnog odnosa više seksualno ne živi...*", dok je preko 7% mladića „...*imalo samo jedan seksualni odnos*"[3].

Ljubavni parovi se teško odlučuju na započinjanje punih polnih odnosa i zbog neizvesnosti dalje sudbine polne ljubavi, čemu doprinosi i rašireno shvatanje da je obljuba krajnji cilj i potpuno ostvarenje ljubavi. I devojke i mladići potajno strahuju da nakon toga mogu biti ostavljeni pogotovu ako polni partner ne bude potpuno zadovoljan.

---

[1] Vidi: Vojislav Jovanović, Marija Jovanović, cit. rad, str. 171.

[2] Vidi: dr Petar D. Mandić, dr Vladimir F. Erceg, cit. rad, str. 61; i Liz Hotkinson, cit. rad, str. 31.

[3] dr Petar D. Mandić, dr Vladimir F. Erceg, cit. rad, str. 154.

U stvari, prvim snošajem tek započinje (a ne završava) **puna polna ljubav**, kojom se spajanje duša samo proširuje i na spajanje tela. Ako su se delila osećanja, sada se počinje deliti život, i ako je se osećalo jednim bićem, sada se jednim bićem počinje i živeti. Polne veze se time proširuju a duševna bliskost prerasta u polno zajedništvo, gde se sa zajedničkim zadovoljstvima mora deliti i zajednički rizik. Ljubavno poigravanje tek ulazi u ozbiljnu polnu igru koja se ne igra samo radi igre.

Fiziološke osnove dvopolnosti polne ljubavi

Poznate su nedoumice da li je polna ljubav sudbina ili lični hir, životna potreba ili epizodna avantura, normalno ili nenormalno, zdravo ili bolesno stanje ljudske duše. Nisu to bezrazložne već veoma osnovane nedoumice, koje na površinu izbacuje sam život, i od čijeg razrešenja zavisi kako će se najveći deo ljudskog života proživeti.

Verovanje u **sudbinu** ima oslonca u pojavi da se čovek neočekivano i spontano zaljubljuje u nekoga koga prvi put u životu sreće, ili u osobu koju je dugo poznavao a prema istoj ništa nije osećao. Ali od samih ljubavnika sudbonosno zavisi kako će ljubav voditi, da li će je negovati i sačuvati, ili će je sopstvenim postupcima gušiti i ugušiti, i pre nego što se rasplamsa.

To samo znači da je polna ljubav istovremeno **i voljni i nagonski čin**, kojim čovek vlada isto toliko koliko je u njegovoj vlasti, iskazujući u isti mah svu svoju moć i nemoć. Zato ništa tako kao polna ljubav ne pokazuje koliko je čovek istovremeno i gospodar i rob, i sopstvene i tuđe prirode. Posredi je direktno sučeljavanje prirode i uma, nagona i volje, prirodne nužde i ljudske slobode.

Fiziološku osnovu tog sučeljavanja čini organski sinhronizovani rad glavnih generatora nagonskih i voljnih impulsa, koji zajednički proizvode ljubavna, kao i sva druga osećanja nagonsko-voljnog karaktera. Dok se ti generatori ne osposobe za rad, ljubavna osećanja se nikakvim voljnim naporom ne mogu izazvati, ali nikakvog napora neće ni biti jer se nikakva potreba za takvim osećanjima neće osećati.

Generatori ljubavnih osećanja ne mogu se osposobiti i u pogon staviti bez prirodnog razvića i sazrevanja ljudskog organizma, koji se mogu ubrzavati ili usporavati ali ne i veštački izazvati. Pošto se polna ljubav temelji na intelektu i seksu, pojava ljubavnih osećanja nužno je uslovljena sazrevanjem moždanih i polnih organa u **adolescenciji** i **pubertetu.**

Polno sazrevanje sastoji se u osposobljavanju polnih organa da stvaraju oplodne supstance na kojima se temelje produkcija jedinke i reprodukcija vrste, kada se javlja i nagonska potreba za njihovim izlučivanjem. **Intelektualno sazrevanje** je osposobljavanje moždanih organa za samostalno obavljanje složenih duhovnih operacija (kao što su poimanje, rasuđivanje i zaključivanje), sa čim se javlja i potreba za duhovnim osamostaljivanjem. Tek kad se dostigne određeni stepen i polne i intelektualne zrelosti, stiču se uslovi i za pojavu složenih ljubavnih osećanja.

Napajanjem sokovima žlezda sa unutrašnjim lučenjem ljudski organizam se autonomno razvija, pri čemu hipofiza igra odlučujuću ulogu. Zato je interesantno zašto se baš u fazi njegovog sazrevanja javlja nasušna potreba za drugim organizmom, i to nekim koji sa njegovim razvojem nije imao nikakve veze. Upravo zato što je čovek po prirodi dvopolno, a ljudska jedinka jednopolno biće.

Naučno je, međutim, dokazano da je i ljudska jedinka u suštini **dvopolno biće**, pa je, zahvaljujući tome, moguća i veštačka zamena pola u svakom ljudskom organizmu. *„Embrionalne polne žlezde su potencijalno dvopolne (biseksualne), što znači da u njima postoje oba gonadona, sposobna (sem kore desnih žlezda) da se, u naročitim okolnostima, potpuno razviju u žlezdu određenog pola...“*, a *„...pored hormona sopstvenog pola svaka polna žlezda izlučuje i izvesnu količinu hormona suprotnog pola...“*, pa *„...muški pol nije muški zato što je sastavljen samo iz muške...“* polnosti, nego zato što je u njemu *„...muška faza polnosti u prevazi nad ženskom...“*, kao što je *„...obratno stanje kod ženskog pola“*[1].

Zbog jednostranog razvića, jedna jedinka nije sposobna ni da stvara potomstvo ni da sama normalno egzistira, zbog čega baš kad sazri za razmnožavanje i samostalnu egzistenciju, neodoljivo teži spajanju s osobom suprotnog pola. Kako kaže Aristofan, *„...svaki je od nas samo jedna polovina i bez prestanka traži onu drugu, a kad jednom nađe svoju polutinu, onda par padne u ushićenje od ljubavi i prisne zajednice“*[2].

Ljudska jedinka nije sposobna za samooplođavanje jer proizvodi samo jednu vrstu oplodne supstance, koja

---

[1] dr Aleksandar Đ. Kostić, Polno saznanje, isto, str. 52, 115. i 336.
[2] Vidi isto, str. 136.

tek u kombinaciji sa supstancom suprotnog pola može dati novi plod. Od kombinacije muških i ženskih hromozoma zavisi ne samo začeće već i pol novog stvorenja, koje se sa dvopolnošću i začeti mora.

Ali spajanje rastavljenih polova nije neophodno samo radi razmnožavanja već i radi zadovoljavanja svakodnevnih seksualnih potreba ljudske jedinke. Za razliku od drugih životinja, „...*u seksualnosti čoveka genitalne pojave su epizodne, kratkotrajne i od sekundarnog značaja, dok su ekstragenitalne od najvećeg značaja za regulisanje društvenih manifestacija i odnosa seksualnosti*"[1].

Jednostranim razvojem ljudska jedinka nije, međutim, u zadovoljavanju svojih potreba uskraćena samo seksološki već i psihološki. U njenom embrionu začinju se sva potencijalna svojstva ljudskog bića, od kojih se jedna razvijaju a druga zakržljavaju, tako da ne nastaje svestrana nego jednostrana individua, koja i sama oseća svoje nedostatke težeći stalno da ih nadomesti druženjem s drugim individuama koje poseduju drugačija i pre svega suprotna svojstva. Suprotnosti se, kaže Šopenhauer, privlače iz obzira „...*koji se sastoje u tome što svaki pojedinac teži da svoje slabosti, nedostatke i odstupanja od tipa poništi dobrim osobinama drugog individuuma*"[2].

Tri su **vrste faktora** koji utiču da se jedna svojstva razvijaju na račun drugih: genetska predodređenost; uslovi razvića fetusa, koji zavise, pre svega, od načina života majke dok je dete još u njenoj utrobi; i uslova života same

---

[1] Isto, str. 14.

[2] Vidi isto, str. 389.

jedinke, naročito u prvim danima i godinama nakon rođenja. Genetski uticaj vrši se kroz borbu gena za prevlast, u kojoj se „...*jači geni nameću i potiskuju slabije*...“[1], dok dejstvo druge dve vrste faktora zavisi od sticaja životnih okolnosti, na koje se može spolja uticati i donekle korigovati genetske jednostranosti. „*Deca se rađaju sa mnogo više neurona nego što njihov zreli mozak očuva; tokom procesa koji je poznatiji kao „podrezivanje“, mozak bukvalno gubi neuronske veze koje se manje upotrebljavaju i stvara snažne sinapsičke veze koje će najviše koristiti*“[2].

Pitanje je, međutim, da li bi svestrani razvoj svih potencijalnih svojstava jedinke, i da je moguć, bio celishodan po opstanak i razvoj ljudskog roda. A ako je jednostrani razvoj nužan, postavlja se pitanje na kakvoj se kombinaciji individualnih svojstava zasniva **međusobna privlačnost** raznopolnih jedinki pošto se zna da je nema među svim jedinkama.

U vezi s tim, poznata su dva sasvim oprečna mišljenja. Po jednom, privlače se polovi s istim, a po drugom sa suprotnim svojstvima. Pokušaj da se ta oprečnost prevaziđe alternativnim rešenjem po kojem se „...*partner bira ili sa potrebom poistovećivanja sa njim ili se traži suprotnost u partneru*...“[3], ne odgovara sasvim stvarnosti jer se polna privlačnost zasniva i na sličnosti i na različitosti, i na istovetnosti i na suprotnosti individualnih svojstava.

---

[1] dr Mila Goldner-Vukov, *Porodica u krizi*, Medicinska knjiga, Beograd - Zagreb, 1988, str. 18.

[2] Danijel Goleman, *Emocionalna inteligencija*, Geopoetika, Beograd, 1968, str. 211.

[3] dr Mila Goldner-Vukov, cit. rad, str. 25.

53

To bi se simbolički, i krajnje uprošćeno, moglo ilustrovati spajanjem dva identično nažlebljena predmeta tako da ispupčenja jednog ulaze u udubljenja drugog. Novi predmet se ne bi mogao sastaviti da ispupčenja i udubljenja delova iz kojih se sastavlja, nisu potpuno identična, ali ni da se ispupčenja jednog ne užlebljuju u, njima potpuno suprotna, udubljenja drugog.

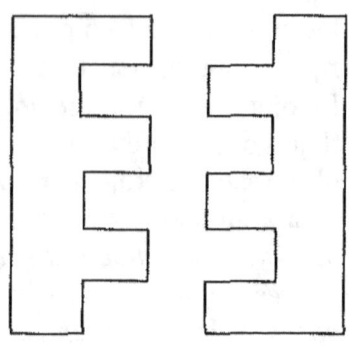

Možda je najbliže istini dr Kostić kad kaže da je „...*mehanizam privlačnosti polova diktovan privlačnošću polnog u ličnom, a ne ličnog u polnom...*", koja se ogleda u „...*privlačenju što više ženskog od strane što više muškog, i obratno*"[1]. Nije stvar u tome da jedna strana uopšte nema osobina druge strane, ili da ih ima podjednako, već da jedna ima manjak, a druga višak istih osobina, i da tek spojene dobijaju to što im nedostaje.

Tek pod tim uslovom dolazi do **čvrstog povezivanja** dve individue, koje jedna u drugoj nalazi samu sebe, i jedna s drugom čine celovito ljudsko biće. I samo tada „...*objekt ljubavi postaje sa subjektom jedno, novo i nerazlučivo ja: nepoznata načinjena od dva ja...*"[2], iz čega proističe i osećanje „...*potpune integracije sa drugom osobom, tako da se osećate kao deo te osobe: potpuno neodvojivi*"[3].

---

[1] Polno saznanje, isto, str. 391.

[2] Isto, str. 272.

[3] Liz Hotkinson, cit. rad, str. 77.

Ali potpuna polna harmonija kojoj se teži, retko se postiže jer se u istoj osobi teško nalazi sve što nekoj drugoj nedostaje. Zato se dodatna ili potpuna kompenzacija traži u nekoj trećoj ili novoj osobi, što dovodi do međusobnih razmirica ili potpunog raskida. To je jedan od osnovnih uzroka relativne nestabilnosti polnih odnosa jer se niko ne zadovoljava postignutim stanjem harmonije.

Stepenom skladnosti individualnih svojstava određen je **intenzitet polne privlačnosti**. Dopadanje se zasniva na slučajnoj skladnosti samo nekih, više fizičkih nego duševnih svojstava, simpatija na skladnosti određenih, više duševnih nego fizičkih, a ljubav na skladnosti pretežnog broja duševnih i fizičkih svojstava. Zato su i polne veze u prvom slučaju slučajne i kratkotrajne, u drugom namerne i povremene, a u trećem dobro planirane, kontinuirane i dugotrajne.

Intenzitet polne privlačnosti ne zavisi, međutim, samo od potencijalne skladnosti individualnih svojstava već i od međusobnog upoznavanja polnih partnera; da bi se harmonija uspostavila, svojstva se moraju ispoljiti. Zato je moguće da kroz bolje upoznavanje dopadanje preraste u simpatiju, a simpatija u ljubav, što se obično i dešava. *„Prava ljubav biva jača i dublja vremenom..."*[1] jer *„...ne možemo prodrijeti u tajnu čovjekove duše..."* i *„...respektovati neku osobu ako je ne poznajemo"*[2]. Gde *„...postoji samo težnja ka jednom predmetu bez uživljavanja u njega, ne može se govoriti o ljubavi, nego o dopadanju, o naklonosti, o simpatiji"*[3].

---

[1] Džon Lok, navod, Dragoslav Aleksić, cit. rad, str. 28.

[2] Erich Fromm, cit. rad, str. 32. i 31.

[3] dr Aleksandar Đ. Kostić, *Polno saznanje*, isto, str. 273.

Kroz faze dopadanja, simpatija i zaljubljivanja prolazi se, dok se ne stigne do prave ljubavi, i u toku sazrevanja ljudske jedinke. Pošto polno sazrevanje ide nešto ispred duševnog, prve polne veze zasnivaju se više na fizičkoj i seksualnoj nego na duševnoj i duhovnoj privlačnosti, zbog čega su prilično nestabilne i relativno kratkotrajne. Adolescent „...*brzo i lako menja objekte svog interesovanja...*"[1], pa su „...*češća i bezbolnija raskidanja ljubavnih kontakata kod mladih koji su ih ranije (13-15 godina) uspostavili, dok su rjeđa raskidanja kod onih koji su odnose uspostavili kasnije (18-19 godina) i ova raskidanja nose više teškoća*"[2].

Brzo i lako zaljubljivanje je rezultat jednostrane i površne, pretežno seksualne privlačnosti, kojoj često podležu i starije osobe. „*Zaljubljenika obično izvanredno zanese pojedina vanjska crta osobe drugog spola (oči, kosa, tjelesni oblici ili drugo), i kako je očaran tom pojedinošću, sve drugo što karakteriše tu osobu ostaje za nj daleko u pozadini*"[3]. To je „...*jedan čisto emotivni doživljaj, gotovo nagonski i direktno ide iz limbičkog sistema*"[4].

Kao što brzo nastaju, zaljubljivanja obično brzo i prestaju, ali ako postoji potencijalna skladnost individualnih svojstava polnih partnera, ona kroz bolje međusobno upoznavanje mogu prerasti u trajnu ljubav. Kroz kratkotrajna zaljubljivanja, individua kao da traga za stalnim polnim

---

[1] Vojislav Jovanović, Marija Jovanović, cit. rad, str. 14.

[2] dr Petar D. Mandić, dr Vladimir F. Erceg, cit. rad, str. 104.

[3] dr Leon Žlebnik, cit. rad, str. 219/220.

[4] prof. dr Jovan Marić, cit. rad, str. 24.

partnerom sa kojim, na bazi veće skladnosti individualnih svojstava, može uspostaviti trajne polne odnose.

Pri tom traganju može se, međutim, i trajno zablokirati na „pogrešnoj" osobi koja nikada neće odgovoriti na ljubavni izazov. Tada zaljubljenost prerasta u tešku opsesiju, koja može doživotno trajati i nesrećnog zaljubljenika zauvek onesposobiti za ljubavno uživanje i zaljubljivanje u „pravu" osobu koja bi uzvratila ljubavnim osećanjima[1].

Za **pravu polnu ljubav** potrebne su dve osobe suprotnih polova koje su sposobne da jedna drugoj uzvrate ljubavna osećanja, a ta sposobnost predodređena je potencijalnom skladnošću njihovih individualnih svojstava. Prvi ljubavni susret je uvek slučajan i neočekivan, a ceo dalji tok je organizovana ljubavna igra koja se igra udvoje. Ali igra „na dva gola" odigrava se, između generatora polnih osećanja, i unutar svake zaljubljene individue.

Svako razumno biće poseduje **dva ključna regulatora** njegove komunikacije sa spoljašnjim svetom, koji zajednički proizvode i regulišu i ljudska osećanja. Jedan (**amigdala**) proizvodi nagonsko-emocionalne, a drugi (**neokorteks**) voljno-misaone impulse, čijim stapanjem nastaju produhovljene emocije ili **osećanja**, kao tipično ljudski oblik reagovanja na spoljašnji svet. Ako su **osećaji** nagonsko-emocionalni odgovori same amigdale, **osećanja** su zajednički, nagonsko-misaoni odgovori amigdale i neokorteksa na, spoljašnjim ili unutrašnjim nadražajima izazvane, **osete**. Kod čisto animalnog seksa nema nikakvih osećanja već se čisto nagonskim osećajima reaguje na nagonsko-fiziološke potrebe.

---

[1] Vidi: Liz Hotkinson, citirani rad

„*Mi* (kaže Danijel Goleman) *zaista posedujemo dva uma, jedan koji misli i jedan koji oseća...*", i „*...ova dva uma, racionalni i emocionalni, deluju najvećim delom u bliskoj saglasnosti, međusobno preplićući veoma različite načine saznanja koji predstavljaju naše vodiče u svetu... U mnogim trenucima, ili njihovoj većini, ovi umovi su izuzetno usklađeni; osećanja su osnova misli, misli osnova osećanja; ali kada se strasti uzburkaju, ravnoteža je narušena; emocionalni um zarobljava više sfere, potiskujući racionalni um*"[1].

Polna ljubav se zasniva na **međusobnoj komunikaciji** polnog objekta i polnog subjekta. Nagonsko-emocionalni reaktor subjekta prima preko čulnih organa nadražaje od polnog objekta, koje u obliku oseta registruje i odgovarajućim signalima prosleđuje voljno-intelektualnom reaktoru, zadržavajući ih istovremeno i u sopstvenom pamćenju. U sadejstvu s amigdalom, neokorteks na primljene signale odmah odgovara, saopštavajući svoje reakcije preko emocionalnog mehanizma polnom objektu.

Neokorteks subjekta analitički reaguje na primljene signale koji izražavaju različita svojstva polnog objekta. Prihvata ih sa simpatijom ako odgovarajuća svojstva objekta subjektu nedostaju, s apatijom ako mu ne nedostaju, i s antipatijom ako svojom preteranošću deluju napadno i odbojno. Od dominacije jednih, drugih ili trećih, zavisi da li će polni objekt kod polnog subjekta izazvati privlačnost, ravnodušnost ili odbojnost. Jača dominacija privlačnih svojstava izaziva ljubav, blaža simpatiju, a slabija dopadanje.

---

[1] Cit. rad, str. 8. i 9.

To su, međutim, samo tipična osećanja koja se u stvarnosti javljaju u brojnim i promenljivim nijansama, kao i u veoma iznijansiranim prelaznim stanjima. Zato ima velikih i malih simpatija, velikih i malih ljubavi. Kod velikih ljubavi privlačni utisci, izazvani deficitarnim svojstvima, gotovo u potpunosti zasenjuju odbojne utiske izazvane suficitarnim svojstvima, pa izgleda kao da je polni objekt bez ikakvih mana, zbog čega se s pravom kaže da je ljubav „slepa".

Zbog različitih individualnih svojstava, razni subjekti na iste signale različito reaguju, pa ih jedni prihvataju sa simpatijom, drugi s apatijom, a treći s antipatijom. Zato ista osoba može za jedne biti simpatična a za druge neinteresantna ili antipatična, odakle potiču i tako česta iščuđavanja kako je se neko u neku osobu mogao zaljubiti, šta mu se kod nje sviđa, šta u njoj nalazi, i tome slično.

Kad su u direktnoj komunikaciji, **polni objekt** reaguje na odgovore polnog subjekta tako što ih prihvata, ignoriše ili odbija, saopštavajući mu to preko svog emocionalnog mehanizma. Odgovori na apatiju i antipatiju obično su podudarni, a odgovori na simpatiju mogu biti pozitivni, neodlučni ili negativni, što zavisi od mnogih okolnosti. U principu, na simpatiju se uzvraća simpatijom, ali ponuda za polnim kontaktima može, iz raznih razloga, biti odbijena.

Ako je na simpatiju uzvraćeno simpatijom, stekli su se uslovi za uspostavljanje **polnog kontakta**, koji je time praktično već uspostavljen. A kad je odgovor neodlučan, još ima nade da se uspostavi, što najviše zavisi od upornosti subjekta, koja se može isplatiti čak i kad je odgovor negativan ako su njegovi uzroci otklonivi, a da li će se na tome istrajati, umnogome zavisi od intenziteta simpatije.

Ponuda polnog kontakta može biti odbijena i kad postoji potencijalna skladnost individualnih svojstava ako je objekt zaljubljen u neku treću osobu, ali može izazvati i kolebanje, pa i konačni pristanak ukoliko je privlačnija od stare veze. Zato u ljubavi nikad nema apsolutne sigurnosti; prezaljubljivanje je uvek moguće, odakle i potiču svi ljbavni jadi i neprekidna borba da se jednom osvojeni ljubavni objekt sačuva.

Zdrava, normalna ili prava (kako se često naziva) ljubav nastaje obostranim i uzajamnim uzvraćanjem simpatija, koje se pri prvom susretu obično vrši istovremeno da se i ne zna ko je prvi „trznuo" a ko uzvratio. Ali obostrano uzvraćanje nije samo uslov začinjanja, već i stalnog održavanja i razvijanja polne ljubavi, zbog čega je neophodno sve dok ljubav traje, a ona će trajati upravo dok se uzvraća.

Obostrana ljubav zasniva se na emocionalnoj komunikaciji, odnosno na neposrednoj razmeni ljubavnih osećanja; na emocije se odgovara emocijama. Emocionalni govor je bogatiji od verbalnog govora, kojim se ljubavna osećanja ne mogu do kraja izraziti jer su rečima iskazane misli samo jedan od činilaca polnih osećanja. Zato ljubavni partneri mogu, razmenjujući emocije, sate provesti zajedno a da ne progovore ni jednu jedinu reč. Jedan pogled i jedan uzdah kazuju više od beskrajnih ispovedanja. Šta više, i najiskrenije reči mogu još i pokvariti prava osećanja, o čijoj dubini pružaju bledu sliku u odnosu na njihovo emocionalno izražavanje.

Dok se apstraktne misli iskazuju samo govornim signalima, osećanja **se izražavaju** celim bićem: celom dušom i celim telom. *„Svaka emocija je praćena neverbalnim znacima, mimikom, gestovima, reakcijama vegetativnog nervnog sistema kao što su ubrzan rad srca, bledilo ili crvenilo kože, sušenje usta, promena boje glasa i otvora zenica, promena ritma disanja („uzdasi"), promena elektriciteta kože, tačnije vlažnosti kože vezane za znojenje, itd."*[1]. I same seksualne strasti su kod zaljubljenih individua neposredni izraz polnih osećanja, a ne obratno.

Polna ljubav se i **začinje** i **hrani** (sopstvenom hranom) produhovljenim emocijama, a mora se hraniti stalno novom hranom da bi se razvijala jer ona nije jednom uspostavljeno i okoštalo emocionalno stanje već razvojni proces, i traje samo dok se razvija. Ključnu ulogu u tome igra ljudski intelekt jer on je glavna usmeravajuća snaga integralnog razvoja ljudskog bića. Razumnim vladanjem emocijama ljubav se može produžavati unedogled, a nerazumnim ugušiti i pre nego što se začne.

Intelektualno-emocionalni centar nije samo riznica emocionalnih utisaka pomoću kojih se evociraju uspomene, već i **duhovna tvornica novih emocija**. Ne snabdeva samo amigdala neokorteks emocionalnim impulsima da bi se nagonske emocije umom racionalizovale, nego i neokorteks upošljava amigdalu da bi se racionalni um emocionalizovao. Zato je moguće da se emocionalno-ljubavna komunikacija među polovima obavlja i nezavisno od fizičke komunikacije. Ona se zapravo primordijalno odvija u duši i srcu zaljubljene individue, gde se ne samo zamišlja

---

[1] prof. dr Jovan Marić, cit. rad, str. 15.

nego u mašti i doživljava duhovno i emocionalno spajanje sa voljenom osobom, pa su sasvim iskrene banalne izjave zaljubljenika da svog ljubavnog idola u srcu i duši nose.

Emocionalni utisci koji se slažu u moždanom memorijalnom centru, su osnova za kreiranje novih emocija u razvojnom lancu polne ljubavi. Prvi ljubavni utisci izražavaju privlačnost samo nekih od brojnih individualnih svojstava polnog objekta, koja predstavlja samo početni podsticaj za dalje, sve šire i sve dublje prodiranje u njegovu dušu. **Težnja za istraživanjem** i pronalaženjem privlačnosti određene ličnosti „...*izaziva u prvo vreme prolaznu prijatnu emociju, a zatim stabilizovanu emociju, ili strast, ukoliko je subjekt bio pod dužim ili stalnim erogenim dejstvom pojačavanim sve novijim otkrićima*"[1].

Istraživanje se, međutim, može zaustaviti već na prvom koraku ako polni objekt iz bilo kojeg razloga ne prihvata komunikaciju. Tada se najčešće odustaje od daljih pokušaja, ali ako su početne emocije previše snažne, onda dolazi do jednostranog zaljubljivanja, kojim se subjekt opsesivno sam zakiva za objekat, od kojeg se teškom mukom odvaja. „*Oni koji su bili opsesivno zaljubljeni, znaju da je to bila ljubav na prvi pogled, ili na prvo upoznavanje... U opsesivnoj ljubavi nema postepenog otvaranja, postepenog jačanja osećanja. Sve se dešava odjednom. I moramo biti svesni da se zaljubljujemo u nekoga koga zapravo ne poznajemo*"[2].

Kod **jednostrane zaljubljenosti** istraživanje objekta zamenjuje se autoistraživanjem subjekta. Umesto da

---

[1] dr Aleksandar Đ. Kostić, *Polno saznanje*, isto, str. 284.
[2] Liz Hotkinson, cit. rad, str. 164.

istražuje individualna svojstva objekta, subjekt istražuje nedostatke sopstvenih svojstava, oblikujući poželjni model objekta koji mu najviše odgovara, i proicirajući ga u realni objekt u koji se prividno zaljubio jer se stvarno zaljubio u svoje nepostojeće Ja. To je u stvari halucinatorsko zaljubljivanje, baš kao što se halucinira jako poželjna, a nedostupna hrana da bi se prividno utolila nepodnošljiva glad.

Pošto je potencijalni ljubavni objekt samo negativ (oličenje deficitarnih svojstava) subjekta, nije teško da se njegova predstava oblikuje i pre zaljubljivanja, što mnogi i čine blagougodnim maštanjem o sopstvenom princu ili princezi iz bajke. I „...*ako dugo čeznete da sretnete lepog princa, pre ili kasnije ćete ga sresti ili, barem, pojaviće se neko ko će ispuniti tu funkciju*"[1]. Dovoljno je i da taj samo na prvi pogled liči na vašeg zamišljenog idola, vi ćete mu odmah pripisati sve njegove vrline bez mana, odustajući od svakog daljeg istraživanja. I kad „...*znamo da nas te osobe neće zavoleti, mozak skoro odmah zatvori tu informaciju, i ponaša se kao da će osećanja biti uzvraćena...*", ostajući „...*jako privržen „svom" snu, idealu*"[2].

Sve dalje je snevanje pukih snova i iluzorno iščekivanje njihovog ostvarenja nezavisno od objektivne stvarnosti. „*Partner se ne sagledava objektivno ili bar približno realno, već se u njemu traže one osobine koje se žele... Čovek ne voli drugog onakvog kakav je on u stvari, nego se u njemu voli ono što se projektuje u njega*"[3]. Zato iluzorni

---

[1] Isto, str. 87.
[2] Isto, str. 88.
[3] dr Mila Goldner-Vukov, cit. rad, str. 27.

„...zaljubljenik zatvara oči pred nedostacima, pa i pred najbitnijim među njima, a ima oči samo za odlike"[1].

Iako je jednostrana i površna, opsesivna ljubav ostavlja duboke tragove u duši jer se upravo zbog neuzvraćanja teško preživljava. Ne mireći se sa porazom, emocionalni um se do poslednjeg atoma snage iscrpljuje na osvajanju umišljenog objekta, nesposoban da uzvrati ljubav bilo kojem drugom objektu, pa stoga i da pravu ljubav uopšte doživi. *„Vrlo je verovatno da će iskustvo opsesivne ljubavi imati efekat u smislu blokiranja i zamrzavanja budućih osećanja, tako da gotovi odgovori na druge ljude budu otupljeni... Pokušavati da zaboravimo one kojima smo bili opsednuti, jednostavno ne ide"*[2].

Duboke ali, u principu, okrepljujuće tragove ostavlja i **prva prava (obostrana) ljubav**. Pošto zadovoljava potrebu za nadomeštanjem deficitarnih svojstava, ona subjektu daje dodatnu snagu, koju umesto opsesivnog iscrpljivanja, može produktivno upotrebiti; *„...predstavlja vrlo snažan podsticaj za život i rad; otvara vrata ne samo u pravo stvaralaštvo, nego u najpotpunije telesno i duševno življenje čoveka"*[3].

To, međutim, ne znači da je prva ljubav istovremeno i poslednja ili jedina prava ljubav, u šta se zaljubljenici jedno drugom svim kletvama zaklinju, ali je ona najuzbudljivija i stoga ostavlja najdublje tragove, kao što svaka premijera ostavlja upečatljivije utiske od svake reprize, pa se sa pravom kaže da „prva ljubav zaborava nema".

---

[1] dr Leon Žlebnik, cit. rad, str. 220.

[2] Liz Hotkinson, cit. rad, str. 13.

[3] dr Aleksandar Đ. Kostić, *Polno saznanje*, isto, str. 316.

Zaljubjenička duša se upoređuje sa voštanom pločom na kojoj su prvi otisci najdublji a svaki sledeći se preko njih utiskuju. Ako neko u prvoj ljubavi nije pronašao sve što je tražio, ili je ona prevremeno prekinuta, potražiće novu ili nove ljubavi, ali su mali izgledi da će ih doživeti tako intenzivno kao prvu čak i kad mu one donesu više zadovoljstva i sreće.

Što se traže nove ljubavi koje liče na prvu, nije toliko radi zalečivanja ljubavnih rana koliko radi zadovoljavanja nezadovoljenih potreba subjekta za istim **tipom objekta**, a svako ima svoj tip suprotnog pola koji odgovara njegovim deficitarnim svojstvima. Uzorci se mogu menjati a tip nikako ako pored ljubavi nisu i drugi motivi u igri.

Iz istog razloga moguće su i **paralelne ljubavi** prema kojima se istovremeno oseća emocionalna naklonjenost, ako se njihova individualna svojstva dopunjavaju u komplementarnosti s individualnim svojstvima subjekta. U tom slučaju lako dolazi i do seksualnog neverstva, pogotovu što su potrebe za promenom u seksu znatno veće nego u polnim osećanjima.

Sve to ne znači da prva ljubav ne može ostati trajna, jedina, pa i doživotna ako postoji velika komplementarnost individualnih svojstava ljubavnih partnera i ako se razumno vodi. Oba uslova su od suštinske važnosti jer nema te ljubavi koja se nerazumnim postupcima ne može pokvariti, niti ljubavi koja se bilo čime može trajno sačuvati ako je nepotpuna.

Totalitarnost je neodoljiva težnja svake prave ljubavi jer ljudsko biće organski teži da sve svoje nedostatke nadomesti odgovarajućim svojstvima suprotnog pola, što praktično nikada u potpunosti ne postiže, zbog čega je njegova težnja ka tome trajna i praktično neutoljiva. Dve su značajne potrebe u osnovi takve težnje. Jedna je što potpunija egzistencija jedinke, a druga što savršenija reprodukcija vrste.

Polna ljubav je najdelotvorniji **životni eliksir** koji pokreće sve potencijalne snage ljudskog organizma, i što je potpunija, i njena delotvornost je veća; ona „...*prožima čitava čovjeka*..." i „...*pobuđuje u njemu toliki stupanj ugodnih raspoloženja da tako pojačava njegovu volju i za najnapornije radove*"[1]. Ljubavna osećanja podstiču rad ne samo polnih žlezda nego i svih ostalih žlezda s unutrašnjim lučenjem, na kojem se zasniva životna aktivnost celog organizma. Naučno je „...*utvrđeno da se aminokiselina fenil-alanin luči u većoj koncentraciji kod osoba koje su zaljubljene*..."[2], što nagonski podstiče i veću fizičku i duhovnu aktivnost.

Što se tiče reprodukcije vrste, polna ljubav je najzad pronađeni generički, najsavršeniji i najracionalniji način prirodnog odabiranja. Čovečanstvo je, kaže Elen Kej, „...*našlo da je ljubav oblik odabiranja koji ima ponajbolje da oplemeni rasu*"[3]. Spajanjem različitih genetskih potencija zaljubljenih parova vrši se najbolje moguće ukrštanje, koje daje genetski najutemeljenije i stoga životno najvitalnije potomstvo.

---

[1] dr Leon Žlebnik, cit. rad, str. 208.

[2] prof. dr Jovan Marić, cit. rad, str. 25.

[3] Navod, Dragoslav Aleksić, cit. rad, str. 9/10.

POLNA PRIVLAČNOST I LIČNA SVOJSTVA

*P*olna privlačnost zasniva se na privlačnosti ličnih, odnosno individualnih svojstava, ali svaka privlačnost podrazumeva i odbojnost. I ovde važi opšte pravilo da se privlače suprotnosti, a odbijaju istovetnosti ukoliko su one samo različite strane jednog te istog odnosa, koji se na njihovom privlačenju i odbijanju upravo održava i razvija. Suprotnosti se privlače zato što teže da se poistovete, a istovetnosti odbijaju jer teže međusobnom suprotstavljanju.

Lična svojstva polnih partnera mogu se simbolički razmestiti oko zamišljene **gravitacione ose** koja označava granicu njihovog privlačenja i odbijanja.

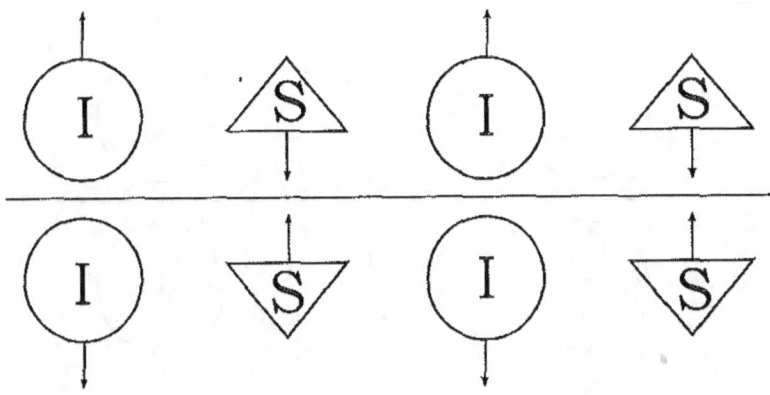

Sile privlačenja suprotnih svojstava (*S*) usmerene su prema gravitacionoj osi, a sile odbijanja istovetnih svojstava (*I*) u suprotnom smeru. Pošto dve osobe suprotnih polova poseduju i različita i istovetna svojstva, do privlačnosti će doći ako njihova suprotna svojstva i sile privlačenja dominiraju nad istovetnim svojstvima i silama odbijanja.

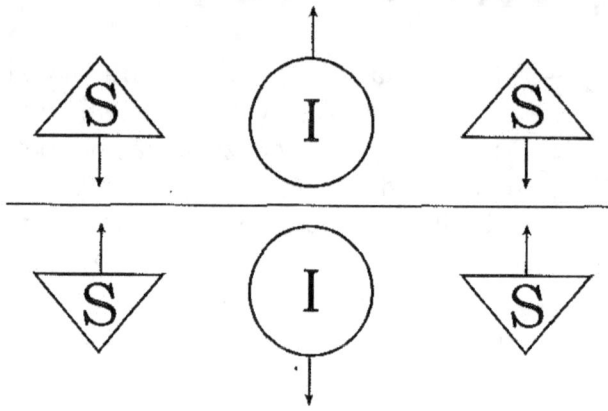

U suprotnom slučaju, umesto privlačnosti dolazi do polne odbojnosti.

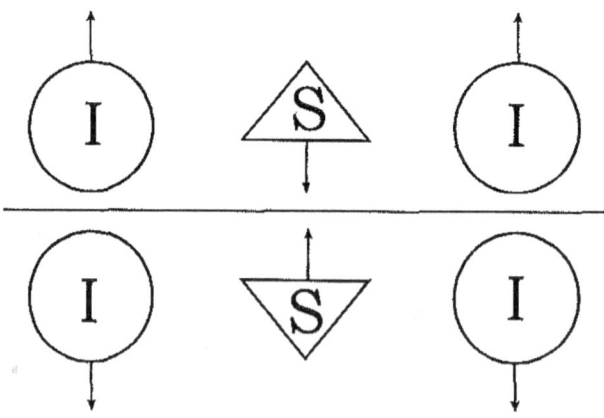

Stepenom komplementarnosti ukupnih svojstava određen je stepen polne privlačnosti. S obzirom da međusobnim privlačenjem kontrasti teže izjednačavanju, osobe sa približno istim normalnim (osrednjim ili prosečnim) svojstvima dobro se slažu, ali se najsnažnije privlače osobe sa različitim, a najviše odbijaju sa istim ekstremnim svojstvima.

Kako među ličnim svojstvima nema ni apsolutne suprotnosti ni potpune istovetnosti, svako ljudsko svojstvo je samo manje ili više privlačno nego što je odbojno, odnosno manje ili više odbojno nego što je privlačno, pri čemu je jedno te isto svojstvo za nekog privlačno a za nekog odbojno, pa bi se polna privlačnost preciznije mogla na sledeći način prikazati:

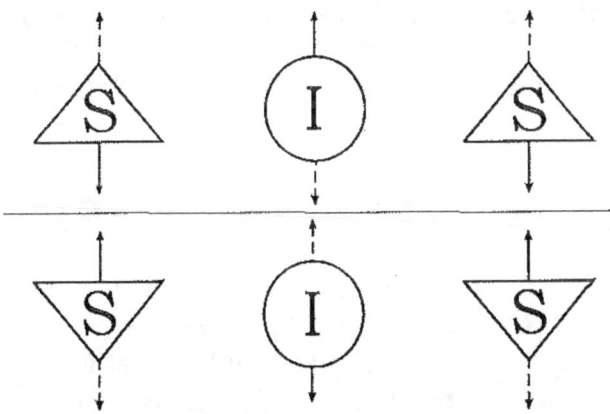

Zato ne samo što nema potpuno istovetnih polnih odnosa, nego nam se u određenim okolnostima i određenom duševnom stanju i kod najodbojnije osobe nešto može svideti, kao što nam i najdraža osoba može postati dosadna i odbojna.

Privlačnost izražava težnju za **poistovećivanjem**, koje vodi menjanju i ujednačavanju ličnih svojstava. „*Pravi zaljubljenik sve usvaja od objekta svoje ljubavi, on kroz njega postaje ili bolji, ili gori, ali nikad ne ostaje ono što je bio pre ljubavi*"[1]. Ali ako i objekt uzvraća istom merom, time se ne vrši obezličavanje već potvrđivanje ličnosti zaljubljenika, koji svojim ličnim svojstvima oplemenjuje drugu ličnost, čijim svojstvima i sam sebe oplemenjuje.

Može se razlikovati najmanje četiri vrste ličnih svojstava koja bitno utiču na polnu privlačnost, a time i na ličnost zaljubljenika. To su: polno-somatska, intelektualna, emocionalna i karakterna svojstva. Mada sva međusobno utiču jedna na druga, samo polno-somatska svojstva bitno određuju polne razlike, dok se po svim ostalim svojstvima pripadnici muškog i ženskog pola ne razlikuju suštinski, a ukoliko određene razlike i postoje, one su samo u načinu ispoljavanja, koji je najviše određen polno-somatskim razlikama.

Polno-somatska svojstva

Polno-somatska svojstva određena su u osnovi **funkcijom polnih žlezda** (gonada), koje se kod muškog i ženskog pola bitno razlikuju, odakle proističu i sve ostale polne razlike. U gonadama se odvijaju dva suprotna ali komplementarna procesa stvaranja oplodnih ćelija: spermatogeneza u semeniku muškarca i ovogeneza u jajniku žene, sa kojim je povezano i stvaranje ostalih polnih supstanci u funkciji seksa i oplođavanja. „*Sve supstancije, bez obzira*

---

[1] dr Aleksandar Đ. Kostić, *Polno saznanje*, isto, str. 318.

na njihovo poreklo i prirodu, koje deluju u istom smislu na muške polne organe i njihovu funkciju, kao i na pojavu i održavanje muških polnih odlika, danas se nazivaju opštim imenom **androgene supstancije** *ili* **androgeni,** *dok se supstancije koje imaju odnosno dejstvo na ženski organizam nazivaju* **ginogene supstancije** *ili* **ginogeni**"[1].

Od srazmere tih supstanci, koje proizvodi svaki organizam, u zavisnosti je ne samo vrsta pola nego i **stepen muškosti** muškog, i **ženstvenosti** ženskog pola. Kod muškog pola preovlađuju androgeni, a kod ženskog ginogeni. **Hiperandroidni muškarac** (muškarčina) proizvodi jako malu, a **ginoidni** (ženskobanja) prilično veliku količinu ginogena, kao što **hiperginoidna** (ženstvena) žena proizvodi jako malu, a **androidna** (muškobanja) prilično veliku količinu androgena. Time su određene i polne odlike, koje kod oba pola variraju od jedne do druge krajnosti.

Različite kombinacije androidnih i ginoidnih tipova daju i odgovarajuću polnu privlačnost različitog intenziteta. Po zakonu komplementarnosti, dobro se slažu srednje androidni muškarac i srednje ginoidna žena, ali veću privlačnost pokazuju hiperandroidni muškarac i srednje ginogena žena, odnosno hiperginoidna žena i srednje androgeni muškarac; još snažnije se privlače androidna žena i ginoidni muškarac, a najsnažnije hiperandroidni muškarac i hiperginoidna žena.

Nasuprot tome, nema privlačnosti ili se ispoljava odbojnost između hiperandrogenog muškarca i androgene žene, te hiperginoidne žene i ginoidnog muškarca. Dr Kostić

---

[1] Isto, str. 114.

tvrdi da „...*hiperandroidni muškarac u polnoj zajednici ne trpi nikakvu mušku crtu u svojoj partnerki...*", te da „...*ako je muškarac izrazito muškog karaktera, androidna žena često postaje frigidna...*"[1], a isto se pokazuje i u polnim odnosima između hiperginoidne žene i ginoidnog muškarca.

Moguće je da razlike u snazi polne privlačnosti proističu iz **razlika u erogenom naboju**, koji, po zakonu spojenih sudova, teži da se izjednači, pa je i težnja za izjednačenjem veća što su razlike u naboju veće. Izgleda da je višak erogenog naboja na strani androgenih supstanci, koje izazivaju veću erogenu mobilnost, a manjak na strani ginogena, sa manjom erogenom mobilnošću, na što ukazuje i pojava da su androgeni tipovi na obe strane energičniji i preduzimljiviji, a ginoidni hladniji i pasivniji.

Verovatno je da uspostavljanje **erogene ravnoteže** sparivanjem suprotnih tipova utiče i na ravnomerniju proizvodnju polnih supstanci, tako da se kod androidnog tipa donekle smanjuje količina androgena i povećava količina ginogena, a kod ginoidnog tipa, obrnuto, smanjuje količina ginogena i povećava količina androgena. Time se može objasniti pojava da pri trajnom sparivanju polna privlačnost relativno slabi, i da je, u svakom slučaju, slabija posle nego pre sparivanja.

Pošto se ne mogu čulno opažati, polne supstance ne utiču direktno na polnu privlačnost već preko somatskih (telesnih) svojstava, koja one bitno određuju. Polne razlike, kao i različiti tipovi muškarca i žene ne prepoznaju se

---

[1] Isto, str. 99. i 101.

po androgenima i ginogenima nego po telesnim odlikama, koje igraju značajnu ulogu u formiranju polnih osećanja baš zato što se preko njihovog čulnog opažanja prodire i u ljudsku dušu.

Za bolje razumevanje polnih odnosa treba imati u vidu obe vrste polnih svojstava: kako ona po kojima se pripadnici različitih polova bitno razlikuju, tako i ona koja su im zajednička ali igraju značajnu ulogu u polnoj privlačnosti. Prvu vrstu čine pre svega polni organi i telesna konstrukcija, a drugu brojne sekundarne odlike, kao što su boja kože, kose, očiju i glasa, veličina i oblik pojedinih delova tela, fizički izgled (lepota), ukusi koji izražavaju različite fiziološke potrebe, i druge.

Preko **spoljašnjih polnih organa** polne razlike se najizrazitije izražavaju. Između muškog i ženskog polnog organa nema ništa treće i nikakvog prelaza. Po tome da li poseduje jedan ili drugi organ, neko je ili muško ili žensko iako je po unutrašnjim polnim odlikama i jedno i drugo. Može se promeniti pol, ali niko i ne želi da od jednopolnog postane dvopolno biće, verovatno zbog toga što je u suštini svako već dvopolan, a protivrečje suštine i pojave je opšti uslov postojanja.

Polarnost polnih organa je glavni razlog i opšta pretpostavka polnog povezivanja, parenja i druženja, a spoljašnje genitalije su nezamenjivo sredstvo fizičkog spajanja polnih partnera, kojim se oni i pojavno sjedinjuju da bi se i fizički osećali kao jedno biće. Samim tim, polarna suprotnost je neizostavni opšti uslov i glavna objektivna pretpostavka polne privlačnosti. Da biste se polnom partneru svideli, ne morate se truditi da dokazujete svoju polnost, mada nije na odmet da pokažete veću muškost ili ženstvenost, na što i odlike polnih organa mogu manje ili više uticati.

Ako su primarne odlike polnih organa da se nabreknućem mogu stavljati u funkciju, presudne za polno partnerstvo, njihove **sekundarne odlike** (izgled i veličina) su od sekundarnog značaja i za polnu privlačnost. Zbog nedostupnosti čulnom opažanju, one u samom formiranju polnih osećanja, koja obično nastaju pre seksualnog kontakta, nemaju gotovo nikakvu ulogu, mada svojom seksualnom funkcionalnošću mogu uticati na njihovo održavanje, jačanje ili slabljenje.

Iako nisu odlučujuće ni za seksualnu privlačnost, sekundarne odlike polnih organa nisu bez značaja za seksualno slaganje, koje podrazumeva i odgovarajuće slaganje polnih organa. Kaže se da žene vole „veliki", a muškarci „malu", ali to može zvučati sadističko-mazohistički ako se apsolutizuje jer sve ima svoju meru, a mera je za seksualno slaganje izuzetno značajna.

Osnovni smisao funkcionalnog slaganja polnih organa u toku polnog snošaja je da se postigne što veće nadraživanje uz što duže trajanje, po principu bolje slađe i da duže traje nego preslatko a prekratko. Iako u tome značajnu ulogu igra seksualna tehnika, ona ne može postići maksimalno savršenstvo bez odgovarajućih instrumenata pošto bez dobrog alata nema ni savršenog zanata.

Mada se vagina svojom elastičnošću može prilagoditi svakom penisu, ona se izlaže određenom naporu ako je penis premali ili pregolem, što se nepovoljno odražava na seksualno sladostrašće i na sam orgazam. Naporno i slabo nadraživanje teško dovodi do orgazma, a preterano nadraživanje ne samo što izaziva prerani orgazam skraćujući time seksualno zadovoljstvo, nego može preći i u bol, koji je nepodnošljiv naročito u slučaju povređivanja materice, zbog čega i prostitutke izbegavaju mušterije sa pregolemim penisom.

U postizanju obostrano umerenog i trajnog seksualnog zadovoljstva u toku polnog snošaja, najbolje se slažu: polni organi normalne (srednje) veličine; deblji penis i šira vagina; duži penis i dublja vagina; tanji penis i tešnja vagina; i kraći penis i plića vagina. Manje zadovoljstvo pružaju kombinacije ekstremnih sa normalnim veličinama, a najmanje kombinacije suprotno ekstremnih veličina (debeo penis i tesna vagina, tanak penis i široka vagina, kratak penis i duboka vagina, dugačak penis i plitka vagina).

Kao što optimalno seksualno zadovoljstvo pruža optimalno slaganje (pasent) polnih organa, sličan efekat daje i optimalno **slaganje telesnih konstrukcija** polnih partnera, gde kombinacije polnih suprotnosti igraju izuzetno značajnu ulogu. Pošto su telesne konstrukcije neposredni izraz primarnih polnih razlika određenih unutrašnjim lučenjem polnih žlezda, i njihovo slaganje je predodređeno jedinstvom primarnih polnih suprotnosti, i u njegovoj je neposrednoj funkciji. Optimalno telesno slaganje je upravo u funkciji postizanja optimalnog polnog, ne samo seksualnog, već i emocionalnog zadovoljstva.

Tipično polna **privlačnost telesnih suprotnosti** najizrazitije se ispoljava kroz privlačenje hiperandroidnog muškarca i hiperginoidne žene. On koščat i mišićav, razvijenog grudnog koša i širokih ramena, krupne lobanje i orlovskog nosa, širokih butina i listova, velikih stopala i sa naslagama masnog tkiva u gornjem predelu trupa, a ona sve suprotno od toga: sa sitnim skeletom i mišićnim tkivom, ali sa širokom karlicom podesnom za rađanje, uskog grudnog koša, uzanih ramena, sitne lobanje i prćastog nosa, uskih butina i listova, malih stopala i sa naslagama masnog tkiva u donjem predelu trupa. Nasuprot tome je kontrapar ginoidnog muškarca i androidne žene, sa sasvim obrnutim odlikama.

Kako su, međutim, čisti tipovi i antitipovi muškog i ženskog pola velika retkost, najčešće su različite kombinacije polova sa mešovitim odlikama u sledećim kontrastima:

krupniji - sitniji skelet	buljaste - čkiljaste oči
veća - manja mišićavost	veće - manje uši
duži - kraći trup	uža - šira karlica
šire - uže grudi	ravna - isturena zadnjica
isturene - uvučene grudi	duže - kraće noge
šira - uža ramena	šire - uže butine
duže - kraće ruke	širi - uži listovi
kraći - duži vrat	veća - manja stopala
veća - manja glava	deblji - tanji prsti
više - niže čelo	širi - uži nokti
povijen - prćast nos.	

U levoj koloni su tipično muške, a u desnoj tipično ženske odlike, ali i jedne i druge mogu, u raznim kombinacijama, posedovati oba pola. Osnovno pravilo polne privlačnosti je da je svaka strana naklonjena onom što joj manjka i da je privlačnost snažnija što su kontrasti veći. Odstupanja od tog pravila su više uslovljena drugim nego psihološkim faktorima ukoliko afinitet prema nekim odlikama nije toliko snažan da se ostale zanemaruju.

Polno-somatski kontrasti dopunjavaju se **kontrastima sekundarnih polnih odlika** koje su svojstvene pripadnicima oba pola ali u polnoj privlačnosti igraju značajnu ulogu. To su naročito sledeće kombinacije:

viši - niži stas	tamnija - svetlija boja očiju
deblji - suvlji	lepše - ružnije lice
tamnija - svetlija boja kože	lepše - ružnije telo
tamnija - svetlija boja kose.	

Normalno je da su, zbog razlika u telesnoj konstrukciji, muškarci bar u proseku viši od žena, pa su naročito žene srednjeg rasta obično naklonjene nešto višim muškarcima, a muškarci nešto nižim ženama, ali su tu polni motivi izbora sasvim u pozadini, što potvrđuje i izuzetna privlačnost kako između visokih muškaraca i niskih žena, tako i među visokim ženama i niskim muškarcima. Još je Šopenhauer zapazio da „...*niski muškarci imaju izvesnu sklonost prema visokim ženama, i obratno...*"[1], čija je međusobna privlačnost sigurno veća nego što je među polovima ekstremnog i srednjeg rasta.

Kako je sa visinom, tako je i sa debljinom: deblje osobe privlače suvlje, a suvlje deblje. Parovi približne debljine dobro se slažu ali se više privlače debeli i mršavi. Nasuprot tome, debeli prema debelim, i mršavi prema mršavim su uglavnom ravnodušni ili čak odbojni ako ih neka druga svojstva izuzetno ne privlače.

Što se tiče boje kože, kose i očiju, poznato je da se tamnoputim izuzetno dopadaju svetloputi, crnokosim plavokosi i crnookim plavooki. Manje se privlače smeđokosi i crnokosi ili plavokosi, te smeđooki i crnooki ili plavooki,

---

[1] Navod, Aleksandar Đ. Kostić, *Polno saznanje*, isto, str. 389.

dok su istobojni jedni prema drugima ravnodušni ili čak odbojni ako se apstrahuju ostala svojstva.

Žene se kite reputacijom **lepšeg pola**, ali to za polnu privlačnost nije od izuzetnog značaja, prvo, zato što postoji i muška lepota, drugo, što i ovde vlada zakon ukrštanja suprotnosti, i treće, što nema apsolutne lepote: neko ima lepo telo a ružno lice, ili obratno, pojedine delove tela savršene a druge nakazne, pa je prava retkost videti savršeno skladnu osobu. Priroda je stvari uskladila tako da se baš lepi i ružni najviše privlače, a da su lepi lepima i ružni ružnima malo interesantni.

Na kraju, objektivna lepota pada na ispitu pred subjektivnim osećanjima zaljubljenih, za koje je najdraža osoba i najlepša čak i da je najružnija. Sa tog stanovišta, „*...lepo koje se nije rodilo iz ljubavne strasti, koje nije plod ljubavne čežnje, nosi sve oznake mrtvorođenog: ono je umrlo, takoreći, pre nego što je počelo da živi*"[1].

Čini se da **ishrana** nema nikakve veze sa polnom privlačnošću, ali ona može imati i pozitivan i negativan uticaj jer je u direktnoj vezi sa telesnom konstrukcijom i fiziološkim potrebama ljudskog organizma. Zato i ovde vlada princip odgovarajuće komplementarnosti i ukrštanja suprotnosti tako da se u dobro ukomponovanom paru nađu biljojed i mesojed, posnokusac i masnokusac, kisokusac i slatkokusac, ili, preciznije, jedan kojem više godi jedna, a drugom druga vrsta hrane.

Oko toga, zbog brkanja ukusa i osećanja, nastaju i polni nesporazumi. Polnom partneru se zbog drugačijeg

---

[1] Isto, str. 406.

ukusa prebacuje pomanjkanje osećanja, koja u tome mogu imati i pravu potvrdu s obzirom da različitost ukusa proističe iz različitih telesnih svojstava na kojima se, pored ostalog, i polna osećanja temelje, za što nije odgovorna samo jedna, ili bolje reći, nije odgovorna nijedna strana.

Pod tendencijom smanjivanja razlika u strukturi polnih supstanci dolazi do izvesnog ublažavanja telesnih razlika, što utiče i na odgovarajuće ujednačavanje ukusa polnih partnera, koje sa svoje strane vrši povratni uticaj i na telesne odlike. Kroz polno zajedništvo ujednačava se način života, što utiče i na fiziološke potrebe i na telesne odlike polnih partnera tako da oni postaju sve sličniji jedno drugom. Kod emotivno vezanih partnera to se odvija spontano i neosetno, a kod ostalih više kroz svesno samoodricanje, pa i pod izvesnim pritiskom.

Intelektualna svojstva

Još je Šopenhauer uočio da se „...*katkada brakovi iz ljubavi sklapaju između duhovno potpuno heterogenih stvorenja: napr.* **on** *surov, snažan i ograničen, a* **ona** *nežna, mila, vaspitana, estetična; ili* **on** *genijalan i učen, a* **ona** *guska*"[1]. Samo što nije izuzetak već pravilo da se sparuju osobe različitih intelektualnih sposobnosti, pa i sa sasvim oprečnim svojstvima, baš kao i sa različitim telesnim odlikama.

Razlike se javljaju pre svega u **načinu opažanja** spoljašnjeg sveta. Neko lakše zapaža i pamti pomoću čula vida

---

[1] Isto, str. 385.

(vizuelni tip), a neko pomoću čula sluha (auditivni tip). Radi dopunjavanja, uvek će se, pod jednakim ostalim uslovima, radije sparivati osobe različitog (vizuelnog i auditivnog), nego istog (vizuelnog ili auditivnog) načina opažanja. Od dva sparena pola različitog tipa jedan će osobu koju su jednom zajednički sreli, lakše prepoznati po liku, a drugi po glasu, ili je neće uopšte prepoznati ako su istog tipa.

Način opažanja ima uticaja i na zaljubljivanje. Na vizuelne osobe upečatljiviji utisak ostavljaju vizuelna, a na auditivne glasovna svojstva polnog objekta. Nisu retki primeri da samo boja glasa, koji se jednom čuje preko telefona ili radija privuče sasvim nepoznatog polnog partnera, sa kojim se potom uspostavlja i vizuelni kontakt, razviju polna osećanja, pa i brak sklopi.

Ako način opažanja utiče na zaljubljivanje, **sposobnost pamćenja** i zapamćivanja ima uticaja na održavanje ljubavnih veza. Pošto se obično spajaju osobe različite memorije, i posebno privlače lako pamtljivi i zaboravni, često dolazi do nesporazuma među polnim partnerima kad jedno drugom proveravaju snagu ljubavnih osećanja. Zaboravljanje određenih ljubavnih doživljaja izaziva kod partnera sumnju i u samo postojanje ljubavnih osećanja iako moć pamćenja može biti i u obrnutoj srazmeri sa snagom osećanja.

Protivrečno je dejstvo na polne odnose, i **načina mišljenja** polnih partnera, čije razlikovanje doprinosi većoj privlačnosti, ali i težem međusobnom razumevanju. Polni partneri koji slično razmišljaju bolje se razumeju, ali se više privlače oni koji razmišljaju različito iako se zbog toga teže razumeju, odakle proističu i mogući nesporazumi, kad se od polnog partnera očekuje da slično rezonuje.

Neko je, međutim, više sklon empirijskom, a neko apstraktnom mišljenju, te stoga jedni više pažnju usmeravaju na pojavu, a drugi na suštinu stvari; prvi su u načinu razmišljanja površniji, drugi produbljeniji. Empiričari su lakoverniji i povodljiviji, apstraktivci sumnjičaviji i kritičniji; prvi više „uzimaju zdravo za gotovo", dok drugi uvek proveravaju. Neki su brzomisleći a neki sporomisleći, jedni lakomisleni, drugi promućurni. Na jednoj strani su maštari, na drugoj istinoljupci, tamo pričalice, ovamo ćutljivci. Dva su različita fronta otvoreni i zatvoreni tipovi; kod prvih je „sve na drumu što na umu", dok je kod drugih svaka reč odmerena i suzdržana.

Neverovatno je koliko se ove suprotnosti u polnim odnosima **privlače i dopunjavaju**, ali ih utoliko čine komplikovanijim i stoga interesantnijim. Kad bi se sparivali polovi istih intelektualnih osobina, posla za istraživački duh, pa ni mesta za polnu ljubav ne bi bilo jer se ne bi imalo šta istraživati, niti bi se imalo za čim čeznuti ako bi se posedovalo sve što i polni partner poseduje.

Zato parovi sa **sličnim intelektualnim svojstvima** brzo postaju jedno drugom dosadni, pa i nepodnošljivi. Dva ćutljivca su kao dva pustinjaka, a dva brbljivca ne uspevaju jedan drugog ni saslušati ni nadgovoriti. Igra „otvorenih karata" koju igraju otvoreni tipovi je neinteresantna, a zatvorenih tipova teška i dosadna. Individue koje na isti način razmišljaju, nisu jedna drugoj od velike pomoći, a dve lakomislene osobe teško zajedno mogu „dan i noć sastaviti". Sva sreća je još u tome što se potpuno isti tipovi praktično nikada i ne sparuju.

Ali pošto je **usklađivanje različitih intelektualnih svojstava** veoma komplikovano, i među potencijalno najkomplementarnijim osobama može zbog nesporazuma doći do brzog raskida. Ljubav iz „srca" niče a u „duši" se neguje, i nerazumnim vođenjem može biti prekinuta pre nego što se razvije. Gotovo svi ljubavni jadi potiču iz nerazumnog vođenja ljubavne igre, a ona se snagom uma vodi i razvodi.

Problem je u tome što ljubavnu igru ne može voditi jedan, nego je ravnopravno moraju voditi oba partnera jer se usklađivanje različitih intelektualnih svojstava ne može vršiti jednostrano prema svojstvima jednog partnera, već se mora vršiti obostrano međusobnim usklađivanjem i oplemenjivanjem svojstava i jednog i drugog partnera. U tome je prirodna osnova međuljudske i opštedruštvene ravnopravnosti, koja se bez ostvarenja unutar polne, ne može ostvariti ni unutar šire društvene zajednice.

Gde je prava ljubav, tu je i sklonost ne samo da se bude shvaćen i prihvaćen već i da se voljena osoba shvati i prihvati kao sastavni deo sopstvenog bića, pogotovu što se njena intelektualna svojstva javljaju kao nadopuna sopstvenih svojstava. Problemi nastaju samo zbog različitog pristupa međusobnom upoznavanju i zbližavanju, što je i najčešći uzrok nerazumevanja i nesporazuma dok se ne prodre dublje u dušu voljene osobe.

Otvorene i zatvorene osobe se i u ispoljavanju i u prikrivanju svojih osećanja različito, pa i sasvim suprotno ponašaju, a i njihovi ljubavni izazovi se razlikuju, što i kod jednih i kod drugih izaziva nedoumice, sumnjičavost, pa i nevericu. Razlikuju se i postupci provere osećanja polnog partnera, koji mogu izazvati neočekivana reagovanja i nepoželjne posledice po razvoj polnih odnosa.

Ako se više **razmišlja empirijski**, ljubav se više posmatra kroz pojavne (spoljašnje) manifestacije, koje nužno protivreče njenoj suštini, pa se na protivrečno ponašanje polnog partnera i uzvraća protivrečnim ponašanjem, čime se ionako složeni polni odnosi još više komplikuju. Da bi se ušlo u tajne takvih ljubavnih zavrzlama, mora se apstrahovati od pojavnih manifestacija i spuštanjem do dna duše polnog partnera ući u samu suštinu njegovih osećanja. Zato su analitički nastrojene osobe svojevrsni stabilizatori polnih odnosa koji doprinose polnom razumevanju i sporazumevanju, što samo potvrđuje da je polna ljubav odlika dubokoumnih i strogo razumnih bića.

Površne i lakomislene osobe brzopleto reaguju na polne izazove, lako nasedaju lažnim udvaranjima i brzo uzvraćaju „milo za drago" čak i kad su žestoko zaljubljene. Pritisnute bolnim osećanjima, one tek naknadno analiziraju nepromišljene postupke, zbog kojih se gorko kaju, ali kajanje u ljubavi malo pomaže. Takve osobe su „gorak zalogaj" za svoje partnere, u čijem se zagrljaju mogu održati samo uz izuzetno jaka obostrana osećanja i veliko međusobno prilagođavanje.

Povoljna okolnost za to je što se intelektualna svojstva, pod uticajem polnih osećanja, mogu znatno više nego polno-somatska menjati i međusobno **prilagođavati**. Pošto su zaljubljenici pod snažnim uticajem voljene osobe, oni se pod tim uticajem upravo mentalno najviše menjaju, prihvatajući pre svega način rezonovanja, sa kojim se menjaju i ostala intelektualna svojstva.

Razumljivo je što su te promene u funkciji održanja i jačanja polnih osećanja, pa intelektualno snažnije osobe, koje brže i dublje prodiru u ljubavne tajne, vrše i snažniji uticaj na svoje partnere. Kod empiričara se razvijaju sposobnosti apstraktnog mišljenja, površni postaju umnijim, nerazumni razumnijim, lakomisleni promućurnijim, lakoverni kritičnijim, brzopleti suzdržanijim, iako se pod uticajem polnih osećanja i njima suprotne krajnosti ublažavaju.

Intelektualno zbližavanje vrši se pre svega kroz duhovno zajedništvo polnih partnera, putem kojeg se ponajpre približavaju i ujednačavaju njihovi pogledi na svet. Ispitivanja pokazuju da se pod opsesijom polnih osećanja menjaju čak i verska ubeđenja ili nacionalna opredeljenja, a normalno je da se radije prihvataju napredniji pogledi, koji pored ostalog podrazumevaju i veću slobodu polnog zajedništva.

Uticaj pogleda na intelektualno zbližavanje je utoliko veći što se oni u obostranoj ljubavi ujednačavaju kroz ravnopravni dijalog, dobrovoljno, spontano i gotovo neprimetno. Ujednačavanje ne znači izjednačavanje različitih pogleda i mišljenja, čime bi se poništavao lični individualitet, a time i samo partnerstvo polnih partnera. Izvornost i sloboda ličnog mišljenja su neizostavni uslov polne ljubavi, za koju su uvek potrebna dva ne samo fizička, već i duhovna lica. Duhovno izjednačavanje značilo bi kraj i polne ljubavi i polnog zajedništva.

Duhovno zbližavanje je sastavni deo i osnova životnog zajedništva polnih partnera, koje se samo kroz ravnopravno dogovaranje i dobrovoljno prihvatanje zajedničkih ciljeva i puteva njihovog ostvarivanja može održavati i razvijati. Svaki pokušaj nametanja sopstvene volje neizostavno vodi razaranju i polnih osećanja i polnog zajedništva. Negovanje polne ljubavi nezamislivo je bez negovanja polne ravnopravnosti, a prestanak međusobnog uvažavanja polnih partnera siguran je znak da je i njihova ljubav prestala.

Emocionalna svojstva

Polno-somatska i intelektualna svojstva su osnova emocionalnih svojstava s obzirom da su ljudske emocije, za razliku od životinjskih, prožete intelektom, što čini da su „...*kod svakog od nas isprepletene emocionalna i intelektualna oštroumnost*"[1]. Otuda su sva ljudska osećanja, za razliku od čisto nagonskih emocija kod životinja, nagonsko-voljnog karaktera, pa čovek može da vlada svojim emocijama i oseća se odgovornim za ono što čini.

Moć vladanja emocijama srazmerna je snazi intelekta. Ko je intelektualno jači, lakše se savlađuje, i obratno, intelektualno slabije osobe lakše podležu nagonskim uzbuđenjima, pa „...*ljudi kojima nedostaje kontrola nad emotivnim životom biju unutarnje bitke koje ih onesposobljavaju da se koncentrišu na rad i da razumno rasuđuju*"[2]. Ali „...*i najumniji od nas mogu da potonu u plitke vode razuzdanih i neobuzdanih nagona...*"[3], jer se odnos snaga intelekta i nagona menja i u emocionalnom

---

[1] Danijel Goleman, cit. rad, str. 42.

[2] Isto, str. 34.

[3] Isto

stanju jedne te iste individue. Pa ipak, kod različitih osoba trajno dominira jedan ili drugi pol suprotnosti.

Samo u zavisnosti od **temperamenta** (*„koji obuhvata onu sferu duše koja je bliža organskom, fiziološkom, nesvesnom, nagonskom, biološko emocionalnom "*[1]), odnosno načina, jačine i brzine nagonskog reagovanja na emocionalne nadražaje, razlikuju se četiri vrste individua: **kolerik**, čije su reakcije snažne, eksplozivne i nagle; **sangvinik**, sa slabim, brzim i kratkotrajnim reakcijama; **melanholik**, snažnih, sporih i retkih reakcija; i **flegmatik**, koji slabo, sporo i retko reaguje.

Zavisno od prožetosti emocionalnih reakcija intelektom, Goleman razlikuje **dva tipa muškaraca i žena**. Tip muškarca sa visokim koeficijentom inteligencije (*IQ*) *„...može da bude kritičan i snishodljiv, prefinjen i povučen, nesiguran u seksualnim i senzualnim iskustvima, bezosećajan i emocionalno hladan i mlak...“*, kao što žene istog tipa (sa višim *IQ*) *„...mogu da budu introspektivne, sklone anksioznosti, zabrinutosti i da imaju osećanje krivice; oklevaju da svoj bes otvoreno iskažu, iako to čine na poseban način“*[2].

Nasuprot tome, *„...muškarci sa visokom emocionalnom inteligencijom su uravnoteženi, veseli, društveni i otvoreni, i nisu skloni strahu i zabrinutosti; njihov emocionalni život je bogat i raznovrstan...“*, a *„...emocionalno inteligentne žene su pričljive i direktno i otvoreno izražavaju*

---

[1] V. Dvorniković, navod, dr Aleksandar Đ. Kostić, *Polno saznanje*, isto, str. 353/4.

[2] Danijel Goleman, cit. rad

svoja osećanja; dobro podnose stres; dovoljno su u saglasnosti sa svojim bićem tako da su spontane, vragolaste i otvorene za sva seksualna iskustva; one su retko uznemirene, nemaju osećanje krivice i retko padaju u očajanje"[1].

Iako tip sa nižim kojeficijentom inteligencije (emocionalnom inteligencijom) izgleda bezbrižnijim i zadovoljnijim, on zbog manjeg promišljanja emocionalnih reakcija, naročito u polnim odnosima ima problema kojih tip sa višim kojeficijentom inteligencije nema, ali ima zbog preteranog sputavanja nagonskih reakcija. Stoga je razumljivo što se dobro dopunjavaju i više privlače i sparuju različiti tipovi (muškarci višeg sa ženama nižeg, i žene višeg sa muškarcima nižeg *IQ*), dok su isti tipovi više ravnodušni jedan prema drugom.

Preterana emotivnost nagriza polna osećanja, pa i preterana zaljubljenost samu sebe ugrožava. Velika plahovitost baš kao i velika flegmatičnost iritiraju polnog partnera, izazivajući sumnju u iskrenost polnih osećanja, a slično dejstvo imaju i prekomerna setnost i prekomerna veselost. Previše komunikativne, kao i previše povučene osobe ne posvećuju svom partneru očekivanu pažnju, izazivajući opravdano podozrenje. Ni stalno čangrizanje, kao ni prevelika tolerantnost ne usrećuju polni život jer ometaju ljubavnu igru ili je čine nezanimljivom.

Kada se u paru nadju osobe s **istim emocionalnim svojstvima** njihova jednostranost se još više potencira, čime se stvara nepodnošljivo emocionalno stanje. Dva kolerika su mali pakao, dva flegmatika mala tamnica, a dva

---

[1] Isto, str. 42-43.

melanholika mala ludnica. Preterani komunikativci nemaju dovoljno vremena, a preterani usamljenici su bez dovoljnog osećanja potrebe za međusobno komuniciranje.

Zato se radije sparuju polovi sa **različitim emocionalnim svojstvima**. Plahovite privlače hladnokrvni, brze spori, vesele tužni, raskalašne stidljivi, nametljive povučeni, hrabre plašljivi, osetljive neosetljivi, itd. Svako emocionalno utočište traži u svojoj suprotnosti ne odričući se samog sebe. Toliko poželjna duševna ravnoteža nalazi se u drugoj osobi ako se ne može pronaći u samom sebi, a gotovo da i nema ljudskih individua koje potpunu ravnotežu mogu same postići.

U sprezi sa drugima niko ne ostaje čitav; svako ponešto prisvaja od tuđeg i ponešto otuđuje od svojeg. Tako plahoviti postaju hladnokrvnijim, sporiji bržim, tužni veselijim, stidljivi raskalašnijim, povučeni nametljivijim, plašljivi hrabrijim, neosetljivi osetljivijim, i obrnuto. Goleman dobro kaže da „...*mi nismo po svaku cenu ograničeni na određeni emocionalni* **meni** *samo zbog naslednih osobina...*", da „...*naše emocionalne veštine nisu naslednе...*", te da se „...*uz pravo podučavanje usavršavaju...*"[1], na što polni odnosi najsnažnije utiču.

Definišući **ekstravertnost ličnosti**, Jung piše da „...*objekat dejstvuje kao magnet na tendencije subjekta, on ih privlači i uslovljava subjekat u velikoj meri; štaviše, on otuđuje subjekat od njega samoga i menja njegove kvalitete u smislu izjednačavanja sa objektom u tolikoj meri da bi se moglo misliti da je objekat od višeg, i u poslednjoj*

---

[1] Cit. rad, str. 211.

liniji od presudnog značaja za subjekat, i kao da je to donekle apsolutno određenje i naročit smisao života i sudbine da se subjekat sasvim predaje objektu". A u slučaju **introvertnosti**, *"...naprotiv subjekat jeste i ostaje središte svih interesa..."*, te se *"...čini kao da energija ostavlja objekat, kao da je subjekat magnet koji hoće da objekat privuče sebi"*[1]. Pošto je svaki od polova u zaljubljeničkom paru istovremeno i subjekt i objekt ljubavi, i ekstravertna i introvertna individua, međusobno prelivanje životne energije i ličnih kvaliteta je takoreći neminovnost.

Sasvim je sigurno da se sa razvojem ljudskog intelekta, i u životu jedinke i u životu vrste, vrši sve veće **produhovljavanje ljudskih emocija**. Ovladavanje sopstvenim emocijama ne znači, međutim, siromašenje, već oplemenjivanje emocionalnog života, koji time treba da postaje sve bogatiji, razvijeniji i ravnotežniji. Ovladavanje sopstvenim emocijama je ovladavanje samim sobom, a *"...čovek koji je u dobroj ravnoteži sa samim sobom..."*, koji je razradio svoju filozofiju života *"...i koji živi u skladu s njom - verovatno neće dozvoliti da ga stresna situacija ozbiljnije poremeti u mentalnom funkcionisanju"*[2].

Karakterna svojstva

Pod **karakterom u širem smislu** podrazumevaju se sva urođena i stečena svojstva ljudske individue[3], a u

---

[1] K.J. Jung, *Psihološki tipovi*, Matica srpska, Beograd, 1978, str. 9.
[2] Prof. dr Jovan Marić, cit. rad, str. 53.
[3] Vidi: Aleksandar Đ. Kostić, *Polno saznanje*, isto, str. 353/4.

užem smislu samo stečena svojstva, odnosno „...*psihičke osobine koje su povezane uz moralnu stranu ličnosti u širem smislu i koje su gotovo isključivo rezultat odgoja i životnog puta svakog pojedinca*"[1]. Iako su organski povezana s emocionalnim svojstvima, u čijoj je osnovi prirodni nagon prožet intelektom, karakterna svojstva se zasnivaju na samom intelektu, i upravo zbog toga se stiču a ne nasleđuju.

Ljudi se ne rađaju ni dobri ni loši već to, pod uticajem brojnih faktora, kroz život postaju. Do prvih ljubavnih doživljaja oni su uveliko već formirani karakteri, koji se kroz polne odnose samo dograđuju. Stoga je uticaj karakternih svojstava na polne odnose i osećanja izuzetno veliki, pa From osnovano zaključuje da „...*sva zla u svetu - pa i u ljubavi - potiču od karakterne deformacije ljudi*"[2].

Polna ljubav se u suštini zasniva na **humanim svojstvima** ljudskog karaktera. Njima suprotna svojstva ne samo što nagrizaju ljubavna osećanja nego čine da i ona prerastaju u svoju suprotnost. Dobrim ljubavnicima samo dobri mogu biti, jer ljubav je najkristalnija sublimacija ljudskosti, a zli su i u ljubavi zlim ćudima vođeni.

Ali apsolutno dobrih i apsolutno zlih nema; ima samo boljih i lošijih, manje ili više dobrih i manje ili više zlih. A kako ni dvoje na svetu nisu sasvim isti, i ovde se spajaju samo **različiti**, i štaviše suštinski nespojivi, s obzirom na nespojivost polne ljubavi i nehumanosti. Često

---

[1] dr Mladen Zvonarević, *Socijalna psihologija*, Školska knjiga, Zagreb, 1976, str, 259.

[2] Navod, Miodrag D. Milošević, Nevenka M. Bogdanović, cit. rad, str. 140

se za izuzetno plemenitu individuu („kao taksena marka") „zalepi" neki krajnje problematični tip, od kojeg se teško „odlepljuje", ne samo zato što ih druge odlike čvrsto spajaju, već što se i po samim karakternim svojstvima na neki način dopunjavaju.

Jedan od uzroka **polnog „nasedanja"** je što se nehumane namere vešto prikrivaju kvazihumanim zavaravanjima. Egoisti glume altruiste, prevaranti dobronamernike, a lažovi se trude da budu što ubedljiviji. Proiciranjem sebe u druge, poštenjačine naivno nasedaju prevarama verujući da su svi tako dobri kao oni, a kad otkriju da su prevareni, često je kasno da se izbegnu posledice.

Nije, međutim, nasedanje glavni uzrok **sparivanja i parenja dobrih i loših karaktera.** Oni se, i bez nasedanja, baš zato što su različiti privlače jer se u zajedničkom životu polnih partnera dopunjavaju. Kad u protivrečnim društvenim okolnostima nekarakterni prolaze isto ili čak i bolje od karakternih, bezobzirna snalažljivost se ceni i vrednuje kao izuzetna vrlina, koja mnoge a naročito nesnalažljive očarava i privlači.

U zajedničkom rešavanju životnih problema bezobzirni se dobro slažu s uviđajnim, ali to ne prolazi i bez narušavanja njihovog ličnog integriteta, kojim se, uz obostrani međusobni uticaj, **menjaju** njihova moralna svojstva. Time se vrši polno zbližavanje i sasvim različitih, naizgled nepomirljivih karaktera, koje prolazi kroz velika iskušenja, i polnih osećanja i ličnog integriteta srećno ili nesrećno sparenih polova.

Stoga pojavni **integritet ljudske individue** redovno odstupa od etički zadatog suštinskog integriteta koji bi

objedinjavao isključivo humana svojstva. To je možda naj-
očiglednije u nerazdvojivosti egoizma i altruizma. Mada
se ljudi ne rađaju ni kao egoisti ni kao altruisti, i trebalo
bi da se, primereno suštini ljudskog bića, razvijaju kao al-
truisti, oni u ograničenim uslovima ljudske egzistencije
postaju i jedno i drugo, razlikujući se samo po tome što je
neko više egoista a neko altruista.

Džaba je što u polnoj ljubavi „srce" nalaže da se sa-
mo daje a ništa ne traži (pa bi se „...*sreća u ljubavi sas-
tojala u davanju svega a netraženju gotovo ničega*"[1]) ako
su žive individue tako formirane da i daju i traže da im se
daje, ili da više traže nego što daju, pa čak da traže i kad
ništa ne daju što je za polne odnose i polna osećanja
pogubno. Dragoslav Aleksić piše da „...*devojke pretežno
narcističkog tipa traže da ih izabranik voli kao što i one
same sebe vole...*"[2], a prof. Jovan Marić tvrdi da „...*neke
osobe nisu ni sposobne da vole...*" jer je „...*kod njih često
ljubav prema drugoj osobi zamenjena ljubavlju prema sa-
mom sebi ili prema poslu*"[3].

Ako je neko navikao da mu se čini sve što zaželi, on
će to i od polnog partnera očekivati, mereći time njegova
osećanja, a kad se slučajno sretnu dve takve osobe, njiho-
vo partnerstvo se teško uspostavlja i još teže održava. Za-
to mamine i tatine maze najviše privlače osobe koje su
navikle da slušaju i drugima ugađaju a da za sebe ne traže
mnogo.

---

[1] dr Aleksandar Đ. Kostić, *Polno saznanje*, isto, str. 265.
[2] Cit. rad, str. 35.
[3] Cit. rad, str. 26.

Tipična varijanta takve privlačnosti su **sadizam** i **mazohizam**. Sadista, koji uživa da nanosi bol i patnje drugima, i mazohista, koji uživa da bol i patnje podnosi[1], žestoko se privlače upravo zato što su slični koliko i različiti jer *„...sadista je uvek istovremeno i mazohist, iako aktivna ili pasivna strana perverzije kod njega može biti jače izražena i predstavljati pretežno njegovu seksualnu delatnost..."*, pa i *„...mazohizam nije ništa drugo do produžetak sadizma, koji se okreće protiv sopstvene ličnosti"*[2].

Sadizam i mazohizam se gotovo podjednako ispoljavaju u seksu i polnim osećanjima; tamo nanošenjem i podnošenjem fizičkog, a ovamo nanošenjem i podnošenjem duševnog bola. Duševni sadista uživa da nanosi bol voljenoj osobi, tražeći kroz to potvrdu njenih uzvratnih osećanja, kao što duševni mazohista uživa da podnosi ljubavni bol koji mu nanosi zaljubljeni sadista, doživljavajući to kao potvrdu njegove ljubavi.

Otuda mazohisti čeznu za ljubavnim patnjama kad ih jednom dožive, pa ih i veštački izazivaju. Karakterističan primer takvog ponašanja je namerno izazivanje ljubomore kod polnog partnera da bi se isprovocirao njegov bes, ali to je i neka vrsta uzvratnog sadizma, koji sadisti ne podnose, zbog čega dobro sadističko-mazohističko slaganje prerasta u nepodnošljive konfliktne odnose, što može voditi potpunom razlazu.

Ali sadizam i mazohizam su samo reducirano i pojednostranjeno normalno ponašanje polnih partnera, kao

---

[1] Vidi: Petar Bokun, cit. rad, str. 49.

[2] Sigmund Frojd, *O seksualnoj teoriji, Totem i tabu*, Matica srpska, Beograd, 1979, str. 36. i 35.

što je svaka bolest samo delimično zakazivanje ili otkazivanje određenih funkcija organizma. Što jednostrano jedan drugom čine sadista i mazohista, to punom merom jedan drugom uzvraćaju ostali polni partneri, ponašajući se, manje ili više, i kao sadisti i kao mazohisti, pa ko zna da li uopšte ima čistih sadista i mazohista. Ko još nije uživao u ljubomori svog polnog partnera, i ko nije zažalio za prohujalim ljubavnim patnjama. Kako bi se inače osetila slast ljubavi da nije ljubavnih patnji.

Nedostatak te dijalektike najbolje se oseća kod jednostrane **opsesivne ljubavi**. Pošto su se unesrećili zaljubljivanjem u pogrešnu osobu, ili u same sebe, opsesivni zaljubljenici sami sebi nanose duševni bol, u kojem ne mogu uživati jer bi želeli da im bol nanosi voljena osoba, što oni samo uobražavaju, a uobrazilja ne može izazvati stvarno zadovoljstvo, kao što se zamišljenim pićem ne može ugasiti žeđ.

Zajednički koren sadizma i samozaljubljivanja je upravo a preteranom egoizmu i osećanju (uobraženju) više vrednosti, kao što je koren mazohizma i ljubavnog podaništva u osećanju niže vrednosti. Liz Hotkinson je i na sopstvenom slučaju utvrdila da „...*agonija dolazi kada su samozaljubljenost i ego suviše visoki da bi stvorili mesta za pravu ljubav...*", da je „...*jedna od vrlo jakih osobina opsesivne ljubavi da stradalnici vode računa samo o sebi - nikada o osećanjima i reakcijama voljene osobe...*" i da „...*opsesivna ljubav boli zato što je ego uvređen*"[1].

Kad su normalno zaljubljene, **uobražene osobe** sa osećanjem više vrednosti teže za vođenjem voljene osobe,

---

[1] Cit. rad, str. 79.

kao što su **snishodljive osobe** s osećanjem niže vrednosti podložne vođenju, zbog čega se one snažno privlače. Pošto i jedno i drugo svojstvo odudaraju od suštine polne ljubavi, koja podrazumeva ravnopravnost, uobraženi se međusobno ne podnose, a snishodljivci su nezadovoljni jedan drugim, jer prvi hoće samo da vode a drugi da budu vođeni. Ali ljubav je neumoljiva, i kad se ostala svojstva slažu dolazi do popuštanja tako da se vođenje i povođenje zamenjuju ravnopravnim dogovaranjem ukoliko tvrdoglavost ne prevagne pa se ljubav pre vremena ne raskine.

Težnja za vođenjem i rukovođenjem voljenom osobom proističe i iz **ljubomore**, koja je takođe jedan od karakterističnih izraza egoizma, pa se javlja i kad ljubavi uopšte nema. Iako se suštinski isključuju, u stvarnosti su ljubav i ljubomora gotovo nerazdvojni jer zaljubljenost redovno prati zebnja da se voljena osoba može izgubiti čak i kad za to nema nikakvih nagoveštaja. Činjenica da se voljenoj osobi i za voljenu osobu sve daje a da se ona ne da nikome, samo potvrđuje da altruizma nema bez egoizma, da pojava ljubavi nužno protivreči njenoj suštini i da idealne ljubavi u stvarnosti nema.

Kao neizlečiva bolest, ljubomora neizostavno nagriza ljubavna osećanja tako da „...*subjekt u isto vreme i voli i mrzi objekt; subjekt ljubavi i ljubomore voli objekt kao objekt sopstvene ljubavi, a mrzi ga kao objekt eventualne tuđe ljubavi"*. Rezultat je da, po rečima Buržea, „...*posle ljubomore lepo lice ljubavi ostaje rošavo, pokriveno grdobnim ožiljcima, unakaženo, - ako ljubomoru uopšte preživi*"[1].

---

[1] dr Aleksandar Đ. Kostić, *Polno saznanje*, isto, str. 367. i 380.

Osnovana ljubomora pretpostavlja neverstvo, koje znači **prevaru** polnog partnera, nasuprot vernosti i iskrenosti kao suštinskim odlikama polne ljubavi. Ali ako je neko još u detinjstvu navikao da vara, on će varati i polnog partnera, a sadisti će to s uživanjem činiti iz sadističkih. pobuda. Pošto većina to ne prihvata, oni će tražiti mazohistički predisponirane osobe, koje i neverstvo s uživanjem podnose. Razumljivo je što većina iskrenih i vernih takve tipove ne podnosi i što prevaranti jedni druge izbegavaju, ali ako do sparivanja dođe, može pod uticajem ljubavnih osećanja, doći i do moralnog preporoda jer je polna ljubav najveći žrvanj ljudskih karaktera. Nije retka pojava da osobe koje su navikle da varaju i često menjaju polne partnere, kad se ozbiljno zaljube postanu krajnje iskrene i verne.

Ko vara taj i laže, a **laž** je nespojiva sa ljubavnim osećanjima, koja su po svojoj prirodi toliko istinski upečatljiva da se teško i glumiti mogu. Osoba koja se iskreno voli, teško se može lagati, a laži voljene osobe još teže se podnose, zbog čega one ozbiljno nagrizaju ljubavna osećanja. Zato je razumljivo što se lažovi međusobno ne podnose i što za svoj objekat traže naivne i lakoverne, koji prema njima, i mimo sadističko-mazohističkih veza, pokazuju izvesne simpatije.

Ljubav, međutim, i **lažljivce preporađa** navodeći ih da lažljivost zamenjuju istinoljubivošću te da i prema polnom partneru i prema drugima postaju iskreniji. Nije retka pojava da se dečaci koji su u ophođenju sa drugima bili veoma neozbiljni, nakon ozbiljnog zaljubljivanja odjednom uozbilje i čak postanu rigorozni prema neozbiljnima.

Čudotvorna moć ljubavi u menjanju ljudskih karaktera je u **saosećanju** (empatiji) sa polnim partnerom, koje ona svojom snagom neodoljivo nameće. Ako se „*...ljubav sastoji u uživanju zbog tuđe sreće...*" i „*...radosti zbog trijumfa druge osobe...*"[1], i ako neko „*...tko voli, više misli na voljenog čovjeka nego na sebe...*"[2], onda on ne može da sa njim ne saoseća, da ne vodi računa o njegovim osećanjima, stavovima, doživljavanjima i preživljavanjima, polazeći od toga kakav jeste a ne od toga kakav treba da je ili kakav bi mogao biti.

„*Permanentno stanje aktivne brige za voljenu osobu...*"[3] je kategorički imperativ polne ljubavi, koja polnim partnerima nalaže nagonsko približavanje jednog drugom i nagonsko zbližavanje jednog s drugim, što nije moguće bez obostranog menjanja stečenih navika i ustaljenih svojstava. Kod uspešne ljubavi težište promena nije, međutim, u niveliranju i uprosečavanju, već u opštoj humanizaciji i podizanju na viši nivo ljudskosti svih karakternih svojstava.

---

[1] Leibniz, navod, Pierre Janet, cit. rad, str. 236.

[2] dr Leon Žlebnik, cit. rad, str. 202.

[3] Erich Fromm , cit. rad, str. 114.

ISPOLJAVANJE POLNE LJUBAVI

Zbog protivrečnosti osnovnih determinanti polne ljubavi, i njeno ispoljavanje je protivrečno, odakle i potiču svi ljubavni jadi. Zaljubljeni se ponašaju i po prirodnom nagonu i po nalozima svog intelekta, koji se sa polnim nagonom, u težnji da njime ovladaju, i slažu i sukobljavaju, zbog čega je ispoljavanje ljubavnih osećanja i primereno i neprimereno njihovoj prirodi. Ljubavni partneri se jedan prema drugom odnose i kao da se vole i kao da se ne vole iako jedan za drugim luduju.

To je zapravo sastavni deo ljubavne igre, koja se igra, s jedne strane između intelekta i nagonskih emocija, a s druge strane između produhovljenih emocija i seksa. Kao svaka igra, i ljubavna igra donosi radost kada se dobija, i tugu kada se gubi, a kad bi se samo dobijalo ili gubilo, nijedna igra ne bi bila interesantna.

Igra intelekta i emocija

U težnji da ovlada nagonskim emocijama, intelekt najpre nastoji da spreči njihovo golo ispoljavanje. Otuda je karakteristično da se polna ljubav, naročito u fazi rađanja, **skriva**. Javlja se jedna vrsta stida što iz dna duše

99

nagonski izbija nešto usmereno isključivo prema jednoj osobi koja bez ikakvih razumnih razloga počinje potiskivati pažnju prema svim ostalim osobama.

Razumljivo je što ljudi skrivaju svoja zlodela, ali je teško razumeti zašto skrivaju najplemenitija osećanja koja nikoga ne pogađaju. *„Čovjek koji nekoga ozbiljno ljubi, tu ljubav skriva u sebi, čuvajući je kao lijepu tajnu; pravi ljubavni par svoja najljepša i najplemenitija ljubavna iskustva ne saopštava nikome..."*, kaže dr Leon Žlebnik, objašnjavajući *„...da bi takvo izlaganje njihovu ljubav ponizilo..."* i da je *„...šutnja čuvar istinitosti, punoće i vjernosti njihove ljubavi"*[1]. Ali nije sve u tome jer se ljubavna osećanja, bar u fazi njihovog rađanja, skrivaju i od voljene osobe, pa čak i od samog sebe.

Interesantno je da se skrivaju ljubavna osećanja a da se seks ne skriva ili se to čini samo iz moralnih obzira. Životinje se javno pare, pa su se i ljudi tako ponašali kad su počeli napuštati životinjsko carstvo. I danas rade javne kuće, a i kad je zakonom zabranjena, prostitucija se prećutno toleriše kao nužno zlo. Prostitutke javno izlažu prodaji svoje telo, dok se muškarci jedan drugom hvališu kako su imali ovu ili onu lepoticu, a žene ovog ili onog lepotana.

Lako se „izlivaju" i nepostojeća osećanja uz obilato nuđenje lažnih obećanja, da bi se privlačna osoba pridobila za jednu ili nekoliko „noći". Udvaranja „pljušte kao iz rukava", ali kad treba izraziti duboka osećanja, dah zastaje, a jezik se zavezuje. Prava ljubav se voljenoj osobi zadugo ne izjavljuje, i to se čini izokola, diskretno i bojažljivo.

---

[1] Cit. rad, str. 233.

Prethodno se najavljuje pisanjem anonimnih pisama ili ispisivanjem po zidovima upadljivim slovima: „Milane, volim te", „Milice, volim te" i slično.

Ali ljubavna osećanja se, bar od sebe i voljene osobe ne mogu skriti jer u sebi nose nesavladivu nagonsku težnju da se **ispolje**. *„I pored najvatrenije želje... da njegovo stanje ostane u tajnosti, zaljubljeni se, čudnim udesom, na svakom koraku i u svakom postupku otkriva...",* jer se *„...sva pažnja upravlja na objekt simpatije i ništa od nje ne ostaje za druge objekte...",* a *„...misli sve više skreću s običnog, svakodnevnog koloseka, afektivne energije sve se više usredsređuju na objekt simpatije"*[1].

Ljubavna osećanja neodoljivo teže da se izliju prema voljenoj osobi, što se ničim ne može sprečiti. Pri susretu sa voljenom osobom iz dubina duše izbija nešto što bi se moglo nazvati prijatnim ljubavnim stresom, pri kojem se pokreću cela duša i telo zaljubljenika. *„Pri pogledu na objekt, pa, čak, i pri samoj pomisli na njega, subjekt uzdrhti, kroz njega počinje da struji neka čudna slast, krvotok se ubrza, srce brže bije, krv „udara u glavu", obrazi se zarumene, disanje postaje snažnije, na ustima lebdi zanosan osmejak. Pokreti postaju življi, ali teško uzdržavani i kontrolisani. Iz oka izbija naročiti „plamen": isključivo zauzeti, jednostrano obuzeti, **zaljubljeni** pogled", koji je izdajnik zaljubljenih"*[2].

Ali, kako još stari Heraklit reče, „priroda voli da se skriva", pa je i u prirodi ljubavnih osećanja pored neodoljive

---

[1] dr Aleksandar Đ. Kostić, Polno saznanje, isto, str. 314. i 315.
[2] Isto, str. 315.

težnje za ispoljavanjem, i neodoljiva težnja za skrivanjem. Suština svega postojećeg protivrečno se ispoljava, a kad te protivrečnosti nestane, nestaju i suština i pojava. I polna ljubav traje samo dotle dok traje njeno protivrečno ispoljavanje, iz kojeg rezultira i njeno protivrečno - prijatno i neprijatno, sladostrasno i bolno doživljavanje.

Protivrečno ispoljavanje ljubavnih osećanja najbolje se ogleda u izrazitim nedoslednostima zaljubljenika, koji se ponaša i primereno i neprimereno svojim osećanjima, nanoseći svom ljubavnom idolu i prijatnosti i neprijatnosti, i zadovoljstva i patnje. Zaljubljenik i juri za voljenom osobom i beži od nje, i prihvata i odbija njene zahteve, i udovoljava njenim željama i uskraćuje ih, i predaje joj se i opire se, ali to je „...*bežanje sa željom da se ne pobegne, odbijanje sa željom da se ne odbije, uskraćivanje sa željom da se ništa ne uskrati, nepredavanje da bi se sve predalo*"[1].

Skrivanje ljubavnih osećanja neprimernim ponašanjem je u stvari opiranje **gubljenju sopstvenog identiteta**, kojem preti „...*želja za interpersonalnim spajanjem...*" sa voljenom osobom, koja je „...*najmoćnija težnja u čovjeku*"[2]. Neodoljiva želja za izjednačavanjem i spajanjem sa drugom osobom stvara osećaj sopstvenog gubljenja, zbog čega se, da bi se „ostalo na nogama", kao protivteža istovremeno javlja i težnja za odvajanjem i bežanjem od sopstvenog idola.

Kao zabavna igra, polna ljubav je istovremeno i svojevrsna **borba**, i sa ljubavnim partnerom i sa samim sobom.

---

[1] Isto, str. 342.
[2] Erich Fromm, cit. rad, str. 23.

Da bi se ljubavna igra igrala, moraju istovremeno delovati i sile privlačenja i sile odbijanja, i to ne samo između polnih partnera nego i u svakom od njih jer su to zapravo unutarnje sile dveju duša koje su se međusobno splele, i koje svoju igru samo **udvoje** mogu igrati.

Neizostavni uslov za to je da obe duše sačuvaju **svoj identitet** jer su samo kao različite jedna drugoj interesantne. Zato se gotovo nagonski traži emocionalni recipročitet, kojim se obezbeđuje obostrano i uzajamno potvrđivanje i sopstvenog i tuđeg identiteta čije spajanje ne vodi stapanju. To što čini suštinu i najveću draž ljubavnih osećanja je neodoljiva težnja za spajanjem sa voljenom osobom, a spajati se može samo ono što je odvojeno.

Otuda je **težnja za odvajanjem**, isto kao i težnja za spajanjem, prirodno svojstvo i nasušna potreba polne ljubavi, pa je Liz Hotkinson u pravu kad kaže da „...*prava ljubav podrazumeva sposobnost da budete odvojeni od vaše najbliže i najdraže osobe, bez velike čežnje...*"[1], ali za nekim i čeznete samo kad ste od njega odvojeni. Čim ste se sa voljenom osobom spojili, čežnju zamenjuje zadovoljstvo, utoliko veće što je čežnja veća bila.

Povremenim odvajanjem izaziva se obostrana čežnja, ali ako se vrši bez obostrane saglasnosti, koje nema pri samom rađanju polne ljubavi, ono je u funkciji **ljubavnih izazova** kojima se pobuđuju i proveravaju osećanja polnog partnera. Zaljubljenik provocira partnera određenim gestovima, a zatim se povlači, glumeći nezainteresovanost, a i susreti su „namerno slučajni" da se ne bi

---

[1] Cit. rad, str. 113.

odavala sopstvena osećanja. Inscenira se i zabavljanje sa drugim osobama prema kojima se inače ništa ne oseća, samo da bi se od voljene osobe iznudio prvi potez verbalne izjave ljubavi, na koji se zaljubljenik teško odlučuje i kad je potpuno ubeđen u postojanje uzvratnih osećanja.

Skrivanjem zaljubljenosti, zaljubljenik ističe pred polnim partnerom svoju **individualnost**, nastojeći da ga što više izazove i zainteresuje. Ako nailazi na željeno reagovanje, on doživljava ne samo potvrđivanje sopstvenog identiteta već i uzdizanje svog individualiteta jer za nekog do koga mu je iznad svega stalo, postaje mali bog koji se izdiže iznad celog sveta. Od ljubavnog objekta se beži da bi se provociralo njegovo jurenje za ljubavnim subjektom, kojem to pričinjava neizmerno zadovoljstvo jer se oseća kao centar sveta za nekoga kojeg kao centar sveta on doživljava.

Pošto to pričinjava opojno zadovoljstvo, ljubavno izazivanje može dugo potrajati dok se jedna strana ne odluči na izjavu ljubavi, koja je najčistija i najčarobnija baš dok se rađa, skriva i otkriva. To je ljubav koja se vodi razmenom samih emocija, kad pogledi zaljubljenika sve govore, a ukoliko se razmenjuju reči, nije primarno njihovo pojmovno već emocionalno značenje, Tako doživljeni utisci najdublje se urezuju i dugo pamte, zbog čega je uglavnom samo prva ozbiljna ljubav nezaboravna jer se sve sledeće brzo izjavljuju i doživljavaju kao nešto već doživljeno.

Radi izazivanja poželjnih opojnih reakcija i proveravanja uzvratnih osećanja, sa ljubavnim izazovima se nastavlja i nakon verbalnog izjavljivanja ljubavi, te započinjanja seksualnih pa i bračnih odnosa. Dr Kostić kaže da

se „...*neke žene trude da izazivanjem ljubomore* (podv.
Ž.M.) *kod muškarca pojačaju njegovu ljubav*...“[1], što sa
svoje strane čine i muškarci, ali i jedni i drugi mogu samo
uobražavati da revoltiranjem polnog partnera pojačavaju
njegova ljubavna osećanja, koja se time samo nagrizaju
dok se na kraju ne istroše ili ne prerastu u mržnju, a na
izazove ljubomore odgovara se kontraizazovima, što vodi
u sve veće zaoštravanje polnih odnosa, sve do razlaza.

Ljubomora se, međutim, javlja i kad se ne izaziva
namerno, već kad polni partner ašikovanjem sa drugima
samo prikriva svoja osećanja, što se mnogo teže doživlja-
va nakon, nego pre izjavljivanja ljubavi, u čiju se iskreno-
st s razlogom počinje sumnjati. Ali razloga za skrivanje
ljubavi može biti i nakon njenog izjavljivanja jer se ona ne
skriva samo od polnog partnera već i od javnosti, uključu-
jući i najbližu rodbinu.

Roditelji najčešće nisu blagonakloni prema zaljub-
ljivanju svoje dece, nešto iz ljubomore, a nešto iz bojazni
da će biti izigrana, napustiti školu ili prevremeno stupiti
u brak, a nezadovoljstvo je potpuno ako još ni izbor nije
po njihovoj volji. Zbog patrijarhalnog vaspitanja i zavis-
nosti od roditelja, zaljubljeni nisu voljni da im se zamera-
ju, pa je prikrivanje zaljubljenosti najbolji način da se za-
meranja bar privremeno izbegnu.

Pored rodbine, ni **šira okolina** nije naklonjena za-
ljubljenima. Dok se o zavodljivosti govori pohvalno, zalju-
bljivanje se kvalifikuje kao slabost. Na ceni su oni koji sa
svima ašikuju, devojke sa više mladića, i mladići sa više
devojaka, a ko se „zacopa“ u jednu ili jednoga, postaje

---

[1] *Polno saznanje*, isto, str. 380.

105

predmet opšteg ogovaranja. Da bi se ogovaranje izbeglo, ljubav se na razne načine prikriva, pa i na štetu same ljubavi. Zaljubljeni se pravdaju da sa voljenom osobom nemaju ništa, da je ne vole ili da se iz nekih drugih razloga zabavljaju, što im se u obračunima sa polnim partnerom sveti.

Svako ponašanje voljene osobe mimo očekivanja, želja i volje zaljubljenika pojačava osećaj njene **nedodirljivosti**, nedostupnosti i nedostižnosti, koji je inače „...*jedna od glavnih oznaka...*"[1] polne ljubavi, kao što nedostižnim izgleda i sve do čega nam je jako stalo. To voljenu osobu (koja izgleda „tako blizu a tako daleko") u očima zaljubljenika čini još veličanstvenijom i božanstvenijom, pobuđujući u njemu još veću žudnju i želju za osvajanjem naizgled neosvojive tvrđave.

Objekt jednostrane **opsesivne ljubavi** je, bar što se tiče njegovih uzvratnih osećanja, i objektivno nedostupan, a uzvraćanje osećanja i jeste ono što opsesivni zaljubljenik najviše i iznad svega želi. I „...*upravo ta nedostupnost...*" objekta, „...*čini se, hrani opsesiju...*", pa je „...*jedna od stalnih karakteristika opsesivne ljubavi da je objekt osećanja uvek neko ko je, iz nekih razloga, nedostupan*"[2].

Opsesivne zaljubljenike privlači slično, iako jednostrano držanje polnog objekta kao i u slučaju obostrane ljubavi, koje stvara iluziju o postojanju. uzvratnih osećanja. „*Njegova indiferentnost i. hladnoća imali su* - kaže Liz Hotkinson - *upravo suprotan efekat - to me je nateralo da*

---

[1] dr Leon Žlebnik, cit. rad, str. 119.
[2] Liz Hotkinson, cit. rad, str. 67.

se odlučim da budem s njim, i da spavam s njim"[1]. Jadni opsesivci i umiru ubeđeni da je kod objekta njihove nesrećne ljubavi ipak postojalo nešto od uzvratnih osećanja.

Njihova je tragedija što se sami lišavaju sopstvenog identiteta i celog bića identifikujući se s iluzornim objektom svoje promašene ljubavi koji se sa njima ne može uzvratno identifikovati. Prema ispovesti Lize Hotkinson, „*...kada god vas obuzme opsesija, nemate više energije za druge radnje ili misli. Čini vam se da ste rob toj osobi, i da ste izgubili sposobnost da razmišljate i delate racionalno... Što je ljubav opsesivnija, to se granice ega više otklanjaju i osećaj „sebe" nestaje; imate jak osećaj da ste izgubili osećaj identiteta; osećate se kao da ne postojite u prisustvu voljene osobe*"[2].

Ali ni napotpunija i najsrećnija ljubav nije potpuno imuna od **ljubavnih jada**, koji neizbežno prate čudnovatu igru intelekta i emocija. Intelekt bi hteo idealnu ljubav okrenutu isključivo jednom objektu, a nagonske emocije se okreću prema raznim objektima koji svojim svojstvima pobuđuju simpatije dotičnog subjekta. Svaki zaljubljenik bi hteo nemoguće, da svaki mio pogled i svaki simpatični smešak voljene osobe samo njemu budu upućeni, a da sam ne mora uzvraćati istom merom.

U traganju za idealnom ljubavi, intelekt, u svom istraživačkom duhu, podgrejava **sumnje** u svaku stvarnu ljubav. Da bi se stekla apsolutna sigurnost u isključivost uzvratnih osećanja, voljena osoba se ispituje i preispituje

---

[1] Isto, str. 27.
[2] Isto, str. 174, 78. i 111/12.

u vremenu i prostoru, čeprka se po njenoj prošlosti i sadašnjosti, propituje se za budućnost, kori se i prekoreva za sve što nije po meri neke idealno zamišljene ljubavi. Pošto se istom merom uzvraća i sa druge strane, odigrava se ljubavna drama sa neizvesnim završetkom.

Ako na scenu stupi i osvetoljublje, komedija se pretvara u **tragediju**, koja može imati i tragičan kraj. I najveća ljubav tada može prerasti u najveću mržnju sa nesagledivim posledicama. Ako ne pronađu utehu u novoj ljubavi, nesrećni ljubavnici se odaju razvratu, drogi, alkoholu i drugim porocima, odlučujući se ponekad i na ubistva ili samoubistva, koja se češće dešavaju zbog nesrećne obostrane nego zbog opsesivne jednostrane ljubavi, jer se teže podnosi gubitak onog što je se imalo nego nečeg što se nije imalo, ili je se imalo samo u mašti i iluziji.

Intelekt vodi ljubavnu igru jer nagonske emocije izbijaju spontano i neočekivano sa tendencijom da se u svom prirodnom obliku neposredno ispolje. Samo se po nalozima intelekta polne emocije usredsređuju na jednu određenu osobu, koja po njegovom izboru postaje predmet stalne pažnje. U glavi zaljubljenika unapred se priprema dijalog kojim će se vršiti verbalna razmena emocija i mišljenja sa voljenom osobom, evocirati uspomene i skrajati planovi za budućnost. Unapred se priprema i za izliv ljubavnog besa kao emocionalnog reagovanja na nepoželjno ponašanje ljubavnog partnera, tako da se ljubavna drama dvostruko odigrava: u samoj glavi zaljubljenika i u neposrednim odnosima među ljubavnim partnerima.

Dupliranja, međutim, gotovo nikada nema jer u zagonetnoj ljubavnoj igri ne pobeđuje samo intelekt. Pošto se za dijalog pripremaju obe strane, ljubavni sastanci obično imaju drugačiji tok od planiranog, i pobedu često ne odnosi intelekt nego emocije, koje su brže, a neretko i jače od intelekta, pa se pomno pripremani dijalog rečima potiskuje spontanim dijalogom emocijama. Ponekad je dovoljan i jedan sasvim diskretan smešak voljene osobe da oraspoloži i najneraspoloženijeg zaljubljenika, obesnaži sve njegove namere i ceo razgovor skrene u sasvim drugom pravcu od planiranog.

Uprkos svoj rigoroznosti ljubavnih kriterijuma, zaljubljenik pod neodoljivom snagom nagonskih emocija često popušta, praštajući voljenoj osobi i ono što po nalozima samog intelekta nikad oprostio ne bi. On se stalno lomi između intelekta i golih emocija, ali je i sam intelekt često u dilemi da li da popusti ili da tera svoje, bez čega popuštanja ne bi ni bilo ili bi intelekt bio potpuno potisnut od strane emocija kada se za nekoga kaže da je"izgubio glavu" ili „zaludio" za nekim.

Pošto idealne ljubavi nema, cela igra intelekta i nagonskih emocija sastoji se od **„popuštanja"** i **„zatezanja"** jer postoji bezbroj razloga zbog kojih se idealni sklad ne može postići. Kroz tu igru polna ljubav se zapravo gradi i izgrađuje, stvara i ostvaruje, provlačeći se između brojnih scila i haribdi, nepredviđenih i nepredvidivih zamki.

Najveće **zamke** stvaraju sebi sami ljubavnici, najčešće zbog intelektualne i emocionalne nezrelosti. Zato od njih najviše i zavisi da li će svoju ljubav sačuvati i koliko će u njoj uživajući biti srećni ili nesrećni. Ali niko ne može sebe usrećiti unesrećivanjem, i bez usrećivanja onoga u čijoj je sreći i njegova sreća sadržana.

109

Za to je neophodno **ovladavanje i emocijama i us-
lovima njihovog ispoljavanja**, a jedan od uslova emo-
cionalnog ispoljavanja je i samo vladanje emocijama, koje
se nikakvom prinudom ne može obezbediti ako se ne obe-
zbedi snagom intelekta. Moć vladanja emocijama sraz-
merna je snazi intelekta, zbog čega su intelektualno sna-
žniji, i u ljubavi emocionalno stabilniji.

Tuđim emocijama se može **vladati** samo toliko
ukoliko i koliko se vlada sopstvenim, jer svaki nekontro-
lisani izliv vlastitih emocija izaziva istu takvu reakciju
voljene osobe, i to tim snažniju što su njena osećanja sna-
žnija. Sasvim je pogrešno verovanje da će osoba koja vas
žarko voli sve otrpeti, jer ona od vas očekuje sve što i vi
od nje očekujete, i uzvraća istom ili još većom merom sve
što joj darivate.

Uzroci neprimerenog ponašanja zaljubljenika su u
subjektivnim i objektivnim preprekama **suštastvenom
ispoljavanju** polne ljubavi. Neizostavni uslov njenog
očuvanja je poznavanje postojećih prepreka, bez kojeg ne
može biti ni njihovog otklanjanja, zbog čega je jedna od
najvećih prepreka i samo nepoznavanje prepreka.

Suštastveni začeci polne ljubavi koji, kao pupoljak,
nagonski i spontano izbijaju pri njenom rađanju, pred-
stavljaju nagoveštaj i anticipaciju njenog suštinskog ispo-
ljavanja pri svesnom i organizovanom vođenju od strane
intelekta. U lavirintu mnogobrojnih iskušenja mnoge lju-
bavi se gube, a punu zrelost i slobodno ispoljavanje doži-
vljavaju samo one koje su snagom intelekta do samog vr-
hunca mudro vođene. Intelekt je taj koji sve srećne i nes-
rećne ljubavi do vrhunca uzdiže ili prevremeno sahranjuje.

Prvi uslov opstanka i procvata svake ljubavi je njeno **slobodno ispoljavanje**, kao što je slobodno disanje prvi uslov opstanka i razvitka svakog živog bića. Kao što niko nikoga ne primorava da se emocionalno vezuje za jednu osobu, tako ne treba da ga primorava ni da za jednu osobu ostane vezan, što je i uzaludno jer se ljubavna osećanja ničim iznuditi ne mogu.

Ljubav pokušavaju da **iznude** sami ljubavnici tražeći od ljubavnog partnera da ih voli više nego što objektivno može, ali pošto ljubav ne trpi nikakvu prinudu, time postižu suprotan efekat pozleđujući i već postojeća osećanja. Za njihovo podsticanje najbolje je od voljene osobe ništa ne zahtevati i ne interesovati se za njena osećanja, koja će se ako postoje, i sama ispoljavati.

Pritom je najteže **savlađivanje i prikrivanje ljubomore**, koja ljubavna osećanja najviše nagriza, naročito ako se afektivno i osvetnički izražava. Da se izazivanje ljubomore ne bi koristilo za ljubavne izazove, najbolje je takve pokušaje ignorisati jer je to jedini način da se oni demotivišu i da se voljena osoba od njih odvrati.

Ukoliko nisu u pitanju ljubavni izazovi, ispoljavanje ljubomore ne samo što neće pomoći nego će još i podsticati nove izazove s obzirom da izazivaču tuđa ljubomora prija. Voljenoj osobi treba velikodušno dopustiti da se sama opredeli na koju će stranu jer je njena ljubav ako je prestala ionako izgubljena ili nikad nije ni postojala. A ako ljubavi ima, slobodno ispoljavanje će je još više pojačati.

Pošto je **jednakost** polnih odnosa suštinsko obeležje polne ljubavi, ona se u međusobnom ophođenju ljubavnih partnera mora u punoj meri ispoljiti da bi se ljubavna

111

osećanja održala i razvila. Uzajamno uzvraćanje polnih osećanja u istoj meri ne može se očekivati bez istog takvog međusobnog uvažavanja jer je ono njegova nezamenjiva duhovna osnova.

Uvažavanje ljubavnog partnera podrazumeva uvažavanje njegove slobodne volje, želja i interesa u istoj meri u kojoj se to uzvratno i od njega očekuje. Polna ljubav se ne može ni sačuvati ni razvijati ako se obostrano ne pridržava principa da ljubavnom partneru činite sve što želite da i on vama čini, i ne činite ništa što ne želite da on čini vama.

To ne isključuje ni dopuštanje ljubavnom partneru da i prema drugima slobodno ispoljava svoje simpatije, koje ni najvatrenija ljubav ne može sasvim isključiti, a razloga za sumnju može biti tek kad se osećanja prema nekom drugom počnu skrivati. Pri slobodnom ispoljavanju, jača osećanja uvek pretežu, dok zabrane, koje podstiču radoznalost, mogu proizvoditi nepoželjne posledice, pa i sasvim suprotne efekte od poželjnih.

Slobodno komuniciranje, kao i svako razdvajanje polnih partnera, pojačava ljubavnu čežnju, bez koje nema snažnih osećanja, dok nerazdvajanje pričinjava emocionalnu zasićenost, pa i prezasićenost sa prelazom u dosadu. Da bi ljubav trajala, spontano polunagonsko „bežanje" od ljubavnog objekta, koje se javlja pri njenom rađanju, mora biti zamenjeno sporazumnim razdvajanjem pri njenom sazrevanju, održavanju i razvijanju.

Ali nije dovoljno samo socio-fizičko razdvajanje, već je neophodno i održavanje **emocionalno-intelektualne distance** da bi se ljubav trajno održavala i razvijala. Polna

ljubav je interesantna dok je još „nepročitana knjiga" i dok
u sebi skriva još neotkrivene tajne koje mogu zadovoljiti
istraživačke ambicije emocionalno opsednutog intelekta.
Zato u ljubavi nikada ne treba ići do kraja i „otkrivati sve
karte" da bi se stalno imalo šta otkrivati.

Emocionalni rezervoar **duševnih tajni** će se, me-
đutim, brzo iscrpeti ako se stalno ne obnavlja, što pretpo-
stavlja trajnu emocionalno-intelektualnu mobilnost. Da
bi se održavala i obnavljala, ljubavna osećanja se moraju
stalno hraniti prijatnim iznenađenjima koja se više emo-
cionalno nego verbalno izražavaju, jer je emocionalni go-
vor iskreniji i ubedljiviji od verbalnog, često punog lice-
merja, dok emocije istinu govore i kad reči lažu.

Ako neiscrpne duševne intimnosti podgrejavaju lju-
bavna osećanja, nasuprot tome **skrivanje ličnih želja,
namera i planova** od polnog partnera neizbežno vodi
zahlađivanju emocionalnih odnosa. Zato bi već sa verbal-
nim izjavljivanjem polne ljubavi morao započeti zajednič-
ki intimni život, pun međusobnog poverenja i iskrenog
poveravanja, bez ikakvih ograda, podozrenja i zaziranja.

Smatra se da su „...*zaljubljenici slabići koji teže za
tim da u svom partneru nađu nekoga ko će ih voditi...*"[1],
ali to je samo pola istine jer postoji i neodoljiva **težnja za
vođenjem** i navođenjem polnog partnera prema sopstve-
nim željama i namerama. Zašto bi se inače težilo za tim
da se bude vođeno ako na drugoj strani ne bi bilo težnje
da se vodi, a da i ovde kao u svemu ostalom, postoji reci-
procitet najbolje svedoče česte svađe i prepirke ljubavnih

---

[1] Pierre Janet, cit. rad, str. 216.

partnera, odakle je i potekla poznata izreka „ko se voli taj se svađa“.

Jedini način za razrešenje tog protivrečja je **ravno-pravno dogovaranje i sporazumevanje** polnih part-nera o svemu što je od zajedničkog interesa. To, međutim, pretpostavlja i neophodnu dozu uzajamne tolerancije lič-nih navika, želja i prohteva, koja je nužan uslov ne samo za osvajanje već i za očuvanje ljubavnog objekta. Bez to-ga polna ljubav ne može biti dugovečna jer je svaki nespo-razum i začkoljica neizostavno nagrizaju.

Dr Kostić je u pravu kad kaže da „...*prava i duboka ljubav retko prestaje sama od sebe: nju ljudi, obično, ubi-jaju na razne načine. Ubijaju je sami ljubavnici, nesves-no i neosetno ali je ubija i sredina i okolnosti pod kojima ljudi žive...*“[1] i u kojima se ispoljava. Svu odgovornost za njeno očuvanje snose, međutim, sami ljubavnici, koji se snagom svog intelekta moraju izdići i iznad okolnosti i iz-nad samih sebe.

Ukrštanje emocija

Čovek je po prirodi **emocionalno biće**. Sve što čini i ne čini prožeto je emocijama. Svaki čin, svaka misao i svako stanje emocionalno su obojeni, i po tome se naj-dublje urezuju u pamćenje. Ali svaka ljudska emocija je produhovljena i doživljava se kao duševno stanje. Ljudski intelekt ne samo što dočekuje i odmah obrađuje sve na-gonske emocije nego i sam izaziva određene emocije koje prožimaju njegovu izvornu aktivnost.

---

[1] Polno saznanje, isto, str. 488.

Polna ljubav je jedna od najproduhovljenijih i najdugotrajnijih nagonsko-intelektualnih emocija, čija je dugotrajnost na prvom mestu zasluga intelekta, kojim se i hrani i sahranjuje. I sve se to čini zajedno sa drugim emocijama, koje je podstiču i koje ona podstiče, sa kojima se ukršta, stapa i sukobljava, tako da predstavlja veoma složeno duševno stanje koje nezavisno od drugih emocija i ne postoji.

Sve su ljudske emocije funkcija i u funkciji zadovoljavanja ljudskih **potreba, želja i interesa**. One su pokretačka snaga i produkt ili nusprodukt njihovog zadovoljavanja. Javljaju se i kad su potrebe zadovoljene i kad nisu ili dok nisu zadovoljene, i kad postoje i kad ne postoje teškoće u njihovom zadovoljavanju. Goleman s pravom u prvi plan ističe njihovu pokretačku snagu kad kaže da su „...*u suštini sve emocije nagon za delanje...*" i daje „...*tendencija za delanjem prirođena svakoj emociji*"[1].

Ali **pokretačka funkcija** emocija nije ni malo jednostavna, i ona se, kao i sve ostalo, protivrečno ispoljava jer emocije neposredno deluju i kao mobilizatorska i kao demobilizatorska snaga. Čežnja, na primer, deluje mobilizatorski, a strah demobilizatorski ali odmah izaziva druge - mobilizatorske emocije. Sa tog stanovišta bi se sve emocije mogle podeliti na pozitivne i negativne ili poželjne i nepoželjne iako su sve neophodne jer bez jednih ne bi bilo ni drugih. Polna ljubav je sva satkana od takvih dvojnih i protivrečnih emocija.

---

[1] Cit. rad, str. 6.

Jedan od osnovnih činilaca polne ljubavi je čežnja za voljenom osobom, koja se može nazvati **ljubavnom čežnjom** jer se javlja i čežnja za mnogo čim drugim što predstavlja preku a nezadovoljenu potrebu, i svaka od tih potreba izaziva specifično obojeni oblik čežnje, koja se nikada ne javlja u nekom apstraktnom obliku. Ljubavnu čežnju izaziva neodoljiva potreba zaljubljenika za voljenom osobom, i ona se po svojoj emocionalnoj obojenosti bitno razlikuje od svake druge čežnje, što polnoj ljubavi daje sasvim određeno i veoma karakteristično obeležje.

U osnovi ljubavne čežnje je jaka želja da se sa voljenom osobom što pre sretne, da joj se celim bićem preda i da ona na isti način uzvrati. I sama ljubavna čežnja je veoma složena emocija jer se za voljenom osobom ne čezne apstraktno već za mnogo čim čime ona može uzvratiti: željenom izjavom, umilnim glasom, milim pogledom, ljupkim osmehom, vatrenim poljupcem, snažnim zagrljajem, ljubavnom igrom, i svim drugim što dušu i telo razgaljuje.

Ali čim nastupi trenutak ostvarenja takvih želja, pa i u toku same čežnje javlja se, kao neka vrsta kočničara i demobilizatora, **ljubavni strah**, koji se takođe bitno razlikuje od svakog drugog straha. I to, opet, nije neka amorfna nego veoma složena emocija. Pred voljenom osobom srce odjednom zalupa kao pred nečim tajanstvenim i nepoznatim, uzvišenim, veličanstvenim i nedostižnim. Strahuje se od sopstvenih poteza koji na voljenu osobu mogu ostaviti nepovoljan utisak i na koje ona može nepovoljno reagovati, od toga da se iznad svega voljena osoba ne izgubi i da se u njoj ne izgubi, da se u ljubavnim kontaktima nešto ne pogreši, i od svega što bi ostvarenje ljubavnih želja moglo pokvariti.

Kod obostrane ljubavi strah polako nestaje što se ljubavne želje više ostvaruju i ljubavni partneri zbližuju, dok su kod **jednostrane ljubavi** i čežnja i strah veoma snažni i gotovo ubitačni jer je voljena osoba zaista nedostižna, hladna i na ljubavne izazove nepovoljno reaguje. Jednostrano zaljubljena Liz Hotkinson kaže kako je „...*bila bukvalno oduzeta od straha*...“ kad je „...*jedno popodne, s nekom mešavinom čežnje i straha, otišla*...“ u Džonov studentski dom, „...*gde se želela rastati sa svojim devičanstvom*“[1].

Ali i kod jednostrane ljubavi ljubavni strah se savlađuje približavanjem ljubavnom objektu i njegovim boljim upoznavanjem, čime se demistifikuju njegova opsesivnim emocijama mistifikovana svojstva. Sam strah podstiče intelekt na njegovo savlađivanje putem spoznavanja i otklanjanja njegovih stvarnih uzroka. Na osnovu sopstvenog iskustva, Liz Hotkinson savetuje opsesivnim zaljubljenicima da „...*pokušaju da budu svesni toga da su se zaljubili u iluziju a ne u stvarnu osobu, da su se zaljubili u fantaziju, projekciju svojih nada, strahova i ideala*“[2].

U polnoj ljubavi se smenjuju, prepliću i stapaju **ljubavna radost** i **ljubavna tuga**, koji se razlikuju od svih ostalih oblika radosti i tuge. Raduje se i tuguje zbog raznih doživljaja ali ni zbog jednog tako kao zbog ljubavi. Različita stanja ljubavne radosti i tuge uslovljena su kako životnim situacijama, tako i raznim duševnim stanjima: uobraženjima, priviđanjima, nagađanjima, opsesivnim maštarijama, i drugim.

---

[1] Cit. rad, str. 30.
[2] Isto, str. 115.

117

Zavisno od toga čime je izazvana, i **ljubavna radost** se doživljava u raznim varijacijama. Razlikuju se u različitim situacijama: u ljubavnoj igri, pri susretu ljubavnog partnera, obostranom izlivu ljubavnih osećanja, kad se dobije pozdrav, pismo ili poklon voljene osobe, kad se o njoj mašta, ili kad se saučestvuje u njenoj radosti. Vrhunac **(flou)** dostiže se pri potpunom predavanju ljubavnih partnera jednog drugom „...*kada se tokom vođenja ljubavi dvoje spajaju u fluidno i harmonično jedno*"[1].

Slično je i sa **ljubavnim tugovanjem**. Različito se tuguje: kad se ne može sastati sa ljubavnim partnerom, kad se sumnja u njegovu ljubav, ako se ljubav ne uzvraća istom merom ili na očekivani način, kad se voljena osoba izgubi, ili kad se saučestvuje u njenoj tuzi. Sasvim drugačije se doživljava gubitak usled smrti nego zbog ljubavnog rastanka, a najveća je tuga kad se najdraža osoba sopstvenom krivicom zauvek izgubi.

Radost i tuga se prepliću ili stapaju u jedno protivrečno osećanje kad se sa voljenom osobom doživljavaju prijatni trenuci a zna se da ona pripada ili da će pripasti nekom drugom. To je još izrazitije i možda najizrazitije kod jednostrane opsesivne ljubavi, gde se „srcem i dušom" predaje nekoj osobi koja je prema tome potpuno ravnodušna, i gde tuga dominira nad retkim trenucima jednostrane radosti kada ljubavni objekt daje poneki zračak nade da još može uzvratiti. Tu se o pravoj radosti može samo maštati kad nesrećni zaljubljenik „...*oseća da mu voljena osoba može ponuditi i trajnu, nepomućenu sreću i strašnu tugu*"[2].

---

[1] Danijel Goleman, cit. rad, str. 87.
[2] Liz Hotkinson, cit. rad, str. 11.

S obzirom da je tuga nepodnošljiva, ona podstiče intelekt na traženje izlaza iz takvog stanja, a **izlazi**, zavisno od stvarnih uzročnika tuge, mogu biti sasvim različiti. Najteže je kad je ljubav nepovratno izgubljena a nova se teško nalazi, ali neki izlaz uvek postoji i u njegovom traženju se mobiliše intelektualni napor. Pošto je mnogo osoba sa kojima se mogu uspostaviti emocionalne veze, povećanom mobilnošću i komunikativnošću uvek se može pronaći nova ljubav i tuga zameniti novim radostima.

Ljubavna radost i tuga izazivaju **ljubavni zanos i potištenost**, kao specifične ljubavne emocije, koje su uslovljene istim činiocima kao radost i tuga. Stoga se i one, zavisno od životnih situacija i duševnih stanja, različito ispoljavaju i smenjuju, prepliću ili stapaju, čime i same utiču na duševno raspoloženje zaljubljenika.

U osnovi **ljubavnog zanosa** je povećana bioenergija pobuđena radosnim ljubavnim doživljajima i usmerena pre svega prema ljubavnom objektu i zadovoljavanju njegovih iskazanih ili pretpostavljenih želja, potreba i ambicija. To sa svoje strane pričinjava još veće zadovoljstvo, i ukoliko se uzvraća vodi sve većem rasplamsavanju ljubavnih strasti.

Ukoliko se, međutim, na ljubavni zanos ne odgovara zanosom, nastaje **ljubavna potištenost**, koja može prerasti i u tešku depresiju. Pošto kod jednostrane ljubavi uzvraćanja nema, potištenost je preovlađujuće raspoloženje opsesivnih zaljubljenika, koje se ponekad meša i s osećanjem ljubavnog zanosa kad se za trenutak uobrazi da bi voljena osoba mogla uzvratiti. Ali veća ili manja potištenost se i kod obostrane ljubavi često smenjuje i prepliće sa zanosom kad god ljubavni partner ne ispunjava očekivanja.

119

Dok ljubavni zanos direktno podstiče aktivistički odnos prema ljubavnom objektu, potištenost vuče u pasivnost i povlačenje u sebe da bi se najpre sa samim sobom raščistilo. Ali to raščišćavanje se vrši upravo zato da bi se prema ljubavnom partneru nešto preduzelo kako bi se što pre izišlo iz nepodnošljivog stanja potištenosti.

Sigurnost u ljubav polnog partnera rađa **ljubavnu velikodušnost**, a sumnja **ljubomoru**, koja je u stvari jedna vrsta (ljubavne) zavisti. I pošto je sumnja neotklonjivi pratilac polne ljubavi, ljubomora je mnogo češća od velikodušnosti, sa kojom se ponekad prepliće i ukršta. Ali to su emocije koje se međusobno uslovljavaju jer ljubomore ne bi bilo da nije bilo sigurnosti u ljubav, a sama ljubomora, je usmerena: na povratak sigurnosti.

Ljubavna velikodušnost bez ljubomore javlja se samo kad postoji potpuna sigurnost u uzvratnu ljubav voljene osobe. Ona može ići čak dotle da se voljenoj osobi sve dopušta pa čak i jednostrana odluka o rastanku, čime se želi pokazati neizmerna ljubav, ali se to često čini i radi provere sopstvene sigurnosti jer bi se s takvom odlukom teško moglo pomiriti.

Ako se vera u ljubav poljulja, neizbežna je **ljubavna ljubomora**, koja se od drugih vrsta ljubomore (pa i one u polnim odnosima gde nema ljubavi) razlikuje po tome što satire „srce i dušu" nesrećnog zaljubljenika. Ona se ne javlja samo kad postoje stvarni razlozi već i pri pukom uobraženju da voljena osoba voli ili da je volela nekog drugog.

Kao nepodnošljivo duševno stanje, ljubomora nagonski samu sebe isteruje na čistac da bi se utvrdila opravdanost ili neopravdanost za njeno postojanje. Uporno se insistira da voljena osoba pruži neoborive dokaze ljubavne vernosti i isključivosti ili da prizna ljubav prema drugom, što se u prvom slučaju završava povratkom emocionalne sigurnosti, a u drugom teškom dilemom da li da se oprosti ili ljubavna veza nepovratno raskine.

Ljubavna sigurnost i ljubomora izazivaju i druga protivrečna osećanja, kao što su **ljubavna opuštenost** i **ljubavni bes**, koja su praktično nespojiva ali često prelaze jedno u drugo. Opuštenost se javlja pri svakom zadovoljstvu ljubavnim doživljajima, a bes pri svakom neočekivanom i uvredljivom potezu voljene osobe. Ali u ljubavnim odnosima, zbog pogrešne obaveštenosti, zlonamernih podmetanja, uplitanja sa strane i naivnih nasedanja, često dolazi i do sasvim bezrazložnog besa, na koji se obično odgovara besom jer on za ljubavnog partnera predstavlja bolnu uvredu.

Dok su opuštenost i bes vezani za neposredne doživljaje, **ljubavno radovanje** i **seta** odnose se na predstojeća odnosno protekla zbivanja. U osnovi radovanja je očekivanje ljubavnog susreta i svega prijatnog što se sa voljenom osobom doživeti može, dok osnovu sete čini tužno sećanje na srećne trenutke minule ljubavi. Ponekad se osećanje sete javlja i kao podsticaj da se voljena osoba ponovo sretne, u kom slučaju se ono meša sa osećanjem radovanja.

Ali ne ukrštaju se samo različita suprotna osećanja u polnoj ljubavi nego se i sama polna ljubav ukršta sa svojom suprotnošću - mržnjom, koja se upravo zbog tog ukrštanja bitno razlikuje od svih ostalih oblika mržnje, zbog čega se može nazvati **ljubavnom mržnjom**. Zavisno od toga čime je izazvana, i sama ljubavna mržnja javlja se u različitim varijacijama i nijansama jer predstavlja reakciju na sve vrste uvrede od strane ljubavnog partnera.

Osećanje ljubavne mržnje varira od najblaže ljutnje do apsolutne nepodnošljivosti, i od potpunog stapanja do potpune isključivosti s osećanjem ljubavi. Ono je negativna emocionalna reakcija na svaku uvredu od strane voljene osobe, koja se neprijatno doživljava i teško podnosi, pa je dr Kostić u pravu kad kaže da „...*subjekt u isto vreme i voli i mrzi objekt*...", voli ga „...*kao objekt sopstvene ljubavi, a mrzi ga kao objekt eventualne tuđe ljubavi...*"[1], jer i sama pomisao na ljubavno neverstvo izaziva ljubomoru, a ljubomora mržnju.

Kod jednostrane opsesivne ljubavi ljubav i mržnja su gotovo u potpunosti stopljeni u jedno depresivno osećanje, što je za duševno stanje i „...*najveća opasnost kada se naša velika ljubav pretvori u mržnju - jer osećanja nisu uzvraćena*"[2]. Tada se i mržnja prema objektu ljubavi pretvara i stapa sa mržnjom subjekta prema samom sebi pošto je i njegova ljubav prema drugome samo subjektivna projekcija ljubavi prema samome sebi, pa voljena osoba ni za njegovu ljubav ni za njegovu mržnju ne snosi baš nikakvu odgovornost.

Istovremena mržnja prema sebi i ljubavnom objektu javlja se i u slučaju obostrane krivice za međusobne sporove i uvrede. Ona je najveća kad zbog toga dođe do nepovratnog rastanka, kada se pomišlja i na ubistvo pa i

---

[1] Polno saznanje, isto, str. 367.
[2] Liz Hotkinson, cit. rad, str. 181.

samoubistvo, do čega u trenucima neizdržljive duševne krize, i dolazi. Ali do toga može dolaziti i kad je odgovorna i samo jedna strana i kada mržnja, ili samomržnja prema toj strani dominira ili je isključiva.

Ukrštanje emocija i seks

Fromu se „...*čini da se seksualna želja lako spaja sa svakom jakom emocijom i da je ona lako podstiče*...“[1], što se ne slaže sa Marićevim saznanjem izraženim lapidarnom konstatacijom: „...*ne volim ga baš mnogo, ali se odlično slažemo u krevetu*“[2]. From, očito, previđa uticaj negativnih emocija, koje sve odreda izazivaju seksualnu malodušnost ili paralizu, ali je sporno i priviđenje da i jake pozitivne emocije podstiču seksualnu želju.

Stvar postaje jasnija ako se ima u vidu da je i sama **seksualna želja** svojevrsna emocija, i da se pri ukrštanju različitih emocija emocionalna energija koncentriše ili preraspodeljuje i preusmerava, zbog čega se ukrštene emocije međusobno pojačavaju, ublažavaju ili potiskuju i jedna drugu parališu. Poznato je da jak iznenadni strah smesta prekida seksualnu igru i svaku seksualnu aktivnost, parališući sve ostale, pa i seksualne emocije.

Sve **negativne ljubavne emocije** negativno utiču na seks, potiskujući seksualne emocije, i to utoliko više što su jače. Kada ste jako ljubomorni i ljuti na voljenu osobu, tužni ili potišteni zbog ljubavi, nije vam do seksa.

---

[1] Cit. rad, str. 52.
[2] Cit rad, str. 100.

A i zagonetni ljubavni strah vas, iz raznoraznih razloga, sprečava da voljenoj osobi makar i spomenete seksualne odnose, zadovoljavajući se seksualnim maštarenjem i samozadovoljavanjem.

U blažoj formi, negativne ljubavne emocije mogu, međutim, izazivati **negativne devijacije seksualnih emocija**. Seksualne perverzije uglavnom i potiču od nesrećnih ljubavnih doživljaja i negativnih ljubavnih emocija. Sama ljubomora direktno izaziva svojevrsnu seksualnu osvetu polnom partneru kroz seksualni sadizam i mazohizam, koja se produžava u osvetu svim osobama suprotnog pola.

Ali ako su prejaka, i **pozitivna ljubavna osećanja** apsorbuju emocionalnu energiju na račun seksualnih emocija, umanjujući njihovu snagu i potiskujući seksualni nagon. Koncentracijom emocionalne energije krv se iz telesnih ekstremiteta povlači u emocionalne centre, čime se automatski umanjuje nagonska moć aktiviranja polnih organa. Pošto se ta fiziološka preusmeravanja vrše pomoću srca, njegov rad se u ispoljavanju polnih osećanja organski povezuje sa radom emocionalnih centara, čime se sa razlogom simbolizuje polna ljubav; srce i duša su uistinu njeni „proizvodni pogoni".

Stoga seksu ne pogoduju jake već **umerene emocije**, koje umesto emocionalne napetosti donose emocionalno opuštanje, dajući oduška seksualnim strastima. Jedino time može se objasniti Frojdova opaska da čovek „...*punu spolnu moć razvija samo kad se nađe u prisutnosti nižeg tipa spolnog objekta...*"[1], koji ne zna za jaka ljubavna

---

[1] Navod, H. Marcuse, *Eros i civilizacija*, Naprijed, Zagreb, 1985, str. 230.

osećanja. Ali puna polna moć razvija se i sa objektima višeg tipa kad su u stanju emocionalne opuštenosti ukoliko su u takvom stanju oba partnera.

Sva emocionalna tajna **seksualne moći** je u odnosu seksualnih i drugih emocija. Kad pod naponom seksualnog nagona dominiraju seksualna želja i strast, seksualna moć je u punoj snazi, koja neizostavno slabi pod dominacijom drugih emocija. Ona je na vrhuncu kad je pri prenapregnutom nagonu, zbog nezadovoljenih seksualnih potreba, na vrhuncu seksualna strast i kad su ostale emocije sasvim potisnute, kao kod životinja u vreme parenja.

Kad, nasuprot tome, dominiraju **nežna ljubavna osećanja**, seksualne emocije se istovremeno i podstiču i potiskuju, te „...*nam se pričinja kao da duševno udivljenje s kojim mlado biće promatra osobu drugog pola, ne dopušta da se faktički žudnja rasplamsa, i kao da ta žudnja tone u međusobnoj duševnoj preokupaciji dvoje mladih ljudi*"[1]. Zato čisto ljubavna igra i predstavlja relativno dugotrajnu predigru seksualne igre, kako u samom razviću polne ljubavi, tako i u svakom pojedinačnom polnom opštenju kad prave ljubavi ima.

Glavno **dejstvo ljubavnih osećanja** nije u pojačavanju već u voljnom izazivanju, održavanju i usmeravanju seksualnih emocija. Polna ljubav igra odlučujuću ulogu u raspolaganju i ekonomisanju energijom seksualnih emocija, te samo zahvaljujući njoj one mogu trajno da se vežu za jednu određenu osobu (i to do te mere da se oseća seksualna ravnodušnost prema drugim osobama), kao i

---

[1] dr Leon Žlebnik, cit. rad, str. 118.

da se seksualna igra pa i sam polni snošaj po volji produžavaju. Zato ni seksualna vernost voljenoj osobi nije moralni, nego pre svega emocionalni čin, koji proističe iz potpune emocionalne vezanosti za njeno duševno i fizičko biće.

Za **seksualnu predisponiranost** nije, međutim, presudno emocionalno stanje jednog, već oba partnera. Ako jedna strana nije raspoložena za seks, ni druga u njemu ne može uživati ako se pod uživanjem ne podrazumeva i prosto fiziološko pražnjenje. A za obostrano sladostrasno uživanje neophodno je bar približno jednako raspoloženje, koje podrazumeva ujednačena emocionalna stanja. Ako su emocionalna stanja izrazito disparatna, obe strane će biti nezadovoljne ma koliko jedna od njih bila seksualno predisponirana.

To se najizrazitije ispoljava kod **jednostrane ljubavi**, gde je na jednoj strani snažna ljubavna opsesija a na drugoj emocionalna ravnodušnost, Liz Hotkinson se priseća da joj je prvo seksualno iskustvo sa Džonom bilo „...*najtraumatičnije u njenom životu*...“ i „...*imalo je suprotan efekat*...“ od željenog da „...*Džon više nije želeo da je vidi*...“, što navodi na logičan zaključak da će „...*kada postoji jednostrana opsesija, i seks biti loš kao i sve ostalo u toj vezi*“[1].

Ali seks neće biti zadovoljavajući ni kad su emocionalna stanja polnih partnera ujednačena ako su njihova **ljubavna osećanja prejaka** jer su tada seksualne emocije obostrano potisnute, što zbog neshvatanja, obično

---

[1] Cit. rad, str. 31. i 118.

izaziva obostrano razočarenje. Potpuno seksualno nasla-
đivanje u obostranoj ljubavi nastaje tek kad se ljubavne
emocije stišaju, dajući oduška i slobodnom ispoljavanju
seksualnih emocija.

Ne deluju, međutim, samo izvorna ljubavna osećа-
nja na seksualne emocije, koje su podložne i veoma razno-
likom dejstvu **emocionalnih stavova** polnih partnera,
čiji se uticaj vrši i neposredno i preko ljubavnih osećanja.
Dok jedni utiču pozitivno a drugi negativno i na ljubavne
i na seksualne emocije, treći deluju unakrsno podstičući
jedne a potiskujući druge.

Stavovi o polnoj ravnopravnosti, na kojima se zasni-
va međusobno uvažavanje polnih partnera, pozitivno uti-
ču i na ljubavne i na seksualne emocije, dok je uticaj sta-
vova o neravnopravnosti, koji pothranjuju egoističke po-
bude, obostrano negativan. I pozitivni i negativni uticaj je
tim veći što su podudarniji stavovi polnih partnera. Naj-
blagotvorniji je kad obe strane cene, a najpogubniji kad
ne uvažavaju polnu ravnopravnost. Svako uvažavanje
polnog partnera proizvodi pozitivne, a svako omalovaža-
vanje - negativne emocije, što se direktno ili indirektno
odražava na seksualne predispozicije.

Razni emocionalno obojeni moralni i religiozni sta-
vovi, pogledi, ubeđenja i zabrane direktno utiču na **slab-
ljenje seksualne predisponiranosti**, pa i na samopri-
nudno uzdržavanje od seksa. Empirijska istraživanja po-
kazuju da „...*razlozi zbog kojih muškarci ne bi željeli stu-
piti u polni odnos prije braka jesu: moralni obziri, obziri
prema partneru i njegovoj porodici, bojazan da brak neće
biti interesantan, strah od neuspjeha i opšta neizvjesnost*

kakve sve posljedice mogu proizaći iz prvog polnog odnosa...", dok se „...djevojke ne bi upuštale u seksualni život sa budućim partnerom zbog toga što se boje da će biti napuštene, zbog moralnih razloga, želje da po svaku cijenu stupe nevine u brak, zbog straha od roditelja i staratelja, straha od prvog polnog odnosa i trudnoće"[1].

Ali i u samom braku, razni emocionalni stavovi i neispunjavanje želja i očekivanja polnog partnera nepovoljno utiču na seksualnu mobilnost izazivajući polnu malodušnost. Zahlađivanju seksualnih odnosa vode i svi nesporazumi, neslaganja, razmirice i konflikti, koji doprinose da se o polnom partneru stvara negativna, seksualno destimulativna emocionalna predstava.

Mnogi **konflikti** započinju sitnim čarkama i emocionalnim poigravanjima, koja i neosetno prerastaju u emocionalnu netrpeljivost, pri kojoj se i na dobronamerne poteze polnog partnera nervozno reaguje, čime se emocionalna napetost dovodi do usijanja. Posledice su još pogubnije ako se počne terati inat, svetiti i vraćati „milo za drago", što i najvatreniju ljubav može dovesti do emocionalnog zahlađenja i seksualne ravnodušnosti prema polnom partneru.

To je siguran put od zaklinjanja u večnu ljubav do gaženja svih zakletvi, i od slepe vernosti do prkosnog neverstva. Mnoge ljubavne avanture potiču iz osvete, često i za sasvim bezazlene poteze najdraže osobe, neosnovane sumnje u njenu ljubav pa i pukog uobraženja da je ona prva izneverila ili da bi mogla izneveriti.

---

[1] dr Petar D. Mandić, dr Vladimir F. Erceg, cit. rad, str. 183.

Emocionalni stavovi, koji potiču iz samog intelekta, mogu i sačuvati i uništiti, ne samo ljubavna osećanja već i seksualnu naklonost prema jednoj osobi, a sa uništenjem ljubavnih, uništavaju se i seksualne emocije. Stoga su seksualne veze stabilnije i trajnije bez nestabilnih i relativno kratkotrajnih ljubavnih veza.

POLNA LJUBAV I BRAK

Ljubav i bračni odnosi

Polna ljubav i brak su različite stvari, koje mogu ići i zajedno i potpuno nezavisno jedna od druge. Prva je emocionalno, a druga društveno stanje osoba različitog pola, čiji su međusobni odnosi u prvom slučaju determinisani intimnom duševnom naklonošću, a u drugom regulisani eksternim društvenim normama nezavisno od emocionalnih intimnosti.

Emocionalne i bračne veze se, međutim, ne isključuju. Šta više, ljubav može biti najjača koheziona snaga braka, pa se i preporučuje kao jedan od osnovnih uslova, ili čak kao najznačajniji uslov za njegovo sklapanje. Po mišljenju dr Kostića, „...*idealni oblik polne zajednice treba da bude brak iz ljubavi i u ljubavi, dok brak bez ljubavi predstavlja njen loši, promašeni oblik...*"[1], a Petar Bokun smatra da „...*čovjek nikada ne bi smeo ići primarno i isključivo na brak...*", već „...*mora uvijek biti lovac na ljubav, iz koje će se eventualno zbog sraza svih drugih pogodnih okolnosti doći do braka kao klimaksa osjećaja obih partnera*"[2].

---

[1] Polno saznanje, isto, str. 466.
[2] Cit. rad, str. 155.

Zaljubljeni još i **precenjuju značaj ljubavi**, potcenjujući sve ostale uslove. *„Ljubav temeljena na poznavanju partnera, punoj privrženosti njemu i spremnosti da se odgovara za njega i sve posljedice zajedničkih odnosa, po mišljenju mladih ljudi, trebalo bi da budu pravi razlozi za zasnivanje bračne zajednice...",* a *„...nisu rijetki ni takvi koji na prvo mjesto stavljaju ljubav,... a sve drugo smatraju nečim što dolazi kao posljedica ljubavi jer ona snažno motiviše na rad, sticanje materijalnih, sredstava i za obezbeđenje drugih uslova za bračni život"*[1].

Tako bi zaista i bilo kad ti **uslovi** ne bi uticali na samu ljubav, i to ne samo pozitivno već i negativno *„...gušeći i satirući ljubavna osećanja. Ako se pri izboru bračnog partnera u obzir uzme samo osećajni odnos, događa se da životne situacije, kao što su nedostatak sredstava za život, loše radno funkcionisanje ili zanemarivanje porodice, dovedu do postepenog gašenja, i osećanja među partnerima"*[2]. Zato *„...samo sklapanje braka još nije jamstvo da će ljubav među supružnicima ostati živa, da će se razvijati i da neće propasti, pa i za najveću ljubav koja je u izvjesnom času nastala, nema jamstva da u budućnosti neće ohladnjeti"*[3].

Zbog surove stvarnosti, mnoge ljubavi se u **neuslovnim brakovima** nepovratno gase, odakle su i potekle poznate krilatice da je *„...bračna postelja grobnica ljubavi..."*[4], da je *„...brak grob ljubavi, a žena odmah krst na*

---

[1] dr Petar D. Mandić, dr Vladimir F. Erceg, cit. rad, str. 175. i 174.

[2] dr Mila Goldner-Vukov, cit. rad, str. 17.

[3] dr Leon Žlebnik, cit. rad, str. 312.

[4] Marjanović Teodor, *Psihologija osećaja*, izd. autora, Pančevo, 1932, str. 161.

njemu..."[1] i tome slično. Dr Kostić opominje da „...*pre braka nežan, pažljiv, sav ustrptao od sreće, pun tepanja i najlepših osećanja, muškarac u braku brzo postaje manjeviše ravnodušan, često osion, nalazeći više reči zapovesti i prekora nego reči milošte...*"[2] a ništa bolje nije ni sa lepšim polom.

To mlade zaljubljenike opominje da sa brakom ne žure i da ne očekuju previše od braka, koji će „...*biti sretan jedino ako nijedan od budućih bračnih drugova ne misli da će u braku naći sreću*"[3]. Sunce je najmilije kad se rađa, a ljubav najdraža kad je jedina briga da se ne zakasni na zakazani sastanak. U braku je mnogo briga koje nemaju neposredne veze sa ljubavnim osećanjima ali koje svaku ljubav mogu sahraniti.

Neke od tih briga mogu se i moraju unapred prebrinuti. Jedna od najvećih je **trajno obezbeđenje pristojne životne egzistencije**, čime se izbegavaju mnoge druge brige koje bračne drugove dovode pred teška životna iskušenja. Nemaština i životna beda stvaraju mnoge emocionalne napetosti koje satiru i najsnažnija ljubavna osećanja, a „...*prevelika briga za materijalnu bazu braka i obitelji (osobito djece!) ne može biti od koristi bračnoj životnoj toplini*"[4].

Ali to je samo deo bračnih i porodičnih briga, kojima je ispunjen ceo bračni život. Dr Kostić dobro upozorava

---

[1] Dragoslav Aleksić, cit. rad, str. 52.

[2] *Polno saznanje*, isto, str. 487.

[3] dr Leon Žlebnik, pozivanje na Betranda Rasela, cit. rad, str. 112.

[4] Isto, str. 250.

da „...i bogatstvo i siromaštvo ubijaju ljubav. Siromaštvo ubija oskudicom, što odvodi subjekt u brige, koje nateruju misli na drugu stranu, sputavaju i okivaju svako osećanje...", a „...bogatstvo je ubija obiljem u kome subjekt ne stiže da voli, rastrzan i razvlačen na sve strane, savladivan svakojakim drugim uživanjima"[1].

U **bogatstvu** je problem čemu se pridaje veći značaj: duševnom ili fiziološkom uživanju, koja se u principu ne isključuju, ali se jedno drugim mogu ograničavati i uskraćivati. Ako su ljubavna osećanja jaka, ona će nad svim ostalim strastima i slastima dominirati, a kad se dešava suprotno, to je siguran znak da je ljubav popustila, što se najčešće i dešava jer ju je u braku, gde joj mnoge okolnosti ne pogoduju, najteže sačuvati.

Pre svega, **neprekidnim životnim zajedništvom** isključuje se mogućnost obnavljanja ljubavne čežnje kao „magnetne" sile privlačenja ljubavnih partnera, usled koje nastaje obostrana emocionalna zasićenost, koja često prelazi u ravnodušnost sa predispozicijama nepodnošljivosti. Na to se nadovezuju nekontrolisana emocionalna pražnjenja koja svakodnevno nagrizaju ljubavna osećanja i utiču da potencijalna nepodnošljivost prerasta u povremenu ili trajnu netrpeljivost.

Kao **preventiva**, preporučuje se povremeno razdvajanje bračnih partnera. „Iskustva dobroga bračnog života pokazuju da je pravilno ako supružnici od vremena do vremena sebi priušte malo bračnog odmora te prožive kraće vreme svaki u svom kraju i svaki na svoj način"[2].

---

[1] *Polno saznanje*, isto, str. 450.
[2] dr Leon Žlebnik, cit. rad, str. 325.

Radi toga, preporučljivo je odvojeno provođenje bar dela godišnjeg odmora, kao i razdvajanje u toku dana, čemu pogoduje naročito zaposlenost u različitim firmama

Za bračno odmaranje, još je značajnije povremeno **socijalno razdvajanje**, koje podrazumeva slobodno i često komuniciranje izvan bračne zajednice. Mnogo greše oni koji bračnog druga vežu samo za sebe jer postižu suprotan efekat od željenog. Za srećan bračni život potrebna je slobodna volja kao i za samo stupanje u brak. Iz prinudnog vezivanja samo za jednu osobu rađa se neodoljiva želja za komuniciranjem sa drugima, a iz slobodnog komuniciranja želja za stalnim vraćanjem najdražoj osobi.

Slobodno komuniciranje omogućava brže i lakše oslobađanje od emocionalne napetosti, čijim se pražnjenjem preopterećuje bračni partner ako vanbračnog komuniciranja nema ili je slabo. Osobe koje se na poslu emocionalno iscrpljuju, kod kuće traže emocionalnu odušku, i obrnuto. A kad supružnik sa posla dođe neraspoložen, najviše ga može oraspoložiti supružnička pažnja, koja pretpostavlja obostranu nežnost oslobođenu bračne napetosti.

Za održavanje i negovanje **supružničke nežnosti** od izuzetne je važnosti suvereno vladanje sopstvenim emocijama i suzdržavanje od negativnih emocionalnih izazova, kao i od uzvratnog reagovanja na takve izazove. Emocionalnim besom ne sme se izazivati još veći bes, niti na ispoljeni bes bračnog partnera besom odgovarati. Svaku emocionalnu buru treba stišavati staloženim reagovanjem i otklanjanjem uzroka koji su je izazvali.

135

To pretpostavlja bezrezervnu spremnost da se bračnom drugu svesrdno **pomogne** u rešavanju njegovih ličnih problema, podjednako kao i u rešavanju svojih sopstvenih. Za dugovečnu ljubav i životnu sreću u braku, o životnom saputniku treba brinuti kao o samome sebi, i o njegovim željama i ambicijama odnositi se kao prema svojim vlastitim, radi čega je neophodno i stalno interesovanje za njegove lične probleme, brige, prohteve i mogućnosti.

Time se, međutim, ne bi smelo zalaziti i u one **lične intimnosti** koje se radi ličnog dostojanstva, i od najbližih skrivaju. *„Svaki čovjek i žena moraju imati svoje „tajne" i tajne, tj. svako mora imati svoj privatni, individualni život..."*[1], čijim se remećenjem može vređati bračni partner, povređivati njegovo dostojanstvo i polna osećanja. Skrivene intimnosti su kritična distanca polne privlačnosti, čije bi razgolićenje značilo potpunu profanizaciju individue, koja bi je za suprotni pol učinila neinteresantnom.

To nisu samo neke ustaljene intimnosti, već i svaka još neobelodanjena namera da se bračni partner nečim novim prijatno iznenadi i zaintrigira, kao izraz *„...pronalažljivosti i nastojanja oko očuvanja i osvjećavanja čuvstvenih veza između muža i žene... Jednako kao za ženu, i za muža je važan smisao za novosti..."* kojima se *„...razbija bračna monotonija jer će i muž koji je iz dana u dan jednak, postati dosadan"*[2].

Za očuvanje i osvežavanje ljubavnih osećanja, u braku je neophodno stalno *„...međusobno sticanje naklonosti...",*

---

[1] dr Mladen Zvonarević, cit. rad, str. 577.
[2] dr Leon Žlebnik, cit. rad, str. 312. i 328.

kao „...*jedna vrsta međusobnog osvajanja*..."[1], što se ne postiže konvencionalnim poklonima i čestitkama već upravo prijatnim iznenađenjima, i to ne toliko materijalne, koliko čisto emocionalne prirode. Jedan neponovljeni emocionalni gest može više pobuditi uspavane emocije nego tovar poklonjenog blaga.

Težnje i volje za međusobnim osvajanjem može biti samo ako u bračnim odnosima postoji **sloboda ophođenja** kakva je u suštini postojala i pre braka. Osvajati se nema šta ako je već sve osvojeno i ako su bračni partneri jedan prema drugom u takvim podaničkim odnosima da ne smeju ni pomisliti da nešto urade bez saglasnosti druge strane. Takav brak ne može biti gnezdo ostvarenih ljubavnih snova; on je ledena tamnica u kojoj i najvatrenija ljubav mora ugasnuti.

Od braka će se neizostavno napraviti grobnica ljubavi ako se u njemu, jednostrano ili obostrano, uspostave **podanički odnosi**, i ljubavni partneri prave fatalnu grešku kad takve odnose unapred prihvataju. Ako je polna ljubav istovremeno i sloboda i ropstvo, ona neminovno prestaje kad postane samo jedno ili drugo: ropstvo bez slobode ili sloboda bez ropstva - kad se ne sme raditi ništa bez odobrenja druge strane, ili kad se radi što se hoće bez ikakvih obzira prema drugoj strani.

Sloboda se u braku **ograničava** najviše radi toga da bi se sprečilo bračno neverstvo, ali se time postiže suprotan efekat jer najslađe je zabranjeno voće. Problem bračne vernosti je u suštini problem polne ljubavi, i on se

---

[1] Isto, str. 329.

samo ljubavlju rešava. „*Vjernost, naime, nije nikakva posljedica vjenčanja nego izraz ljubavi prema bračnom drugu...*", i „*...ako ona postoji, onda se ne treba bojati nevjere*"[1]. Ljubav je „*...najbolje jamstvo zrele bračne vjernosti...*" i „*...prije nego što prestaje vjernost, prestala je ljubav...*"[2], a pošto ljubavi nema bez slobode, bračno ropstvo će neminovno ugušiti i ljubav i vernost.

Ako ljubavi nema, neće biti ni vernosti, i **neverstvo** će, makar u mislima i namerama, postojati jer sve što se nema u braku, traži se izvan braka. „*Što je u jednom braku manje duševnih i moralnih veza, to su u njemu slabiji spolni odnosi, i utoliko veću potrebu osjećaju supružnici za izvanbračnim spolnim životom...*"[3], što je ujedno i potreba za većom slobodom koje u braku nema.

Pošto su polni odnosi mnogo složeniji u braku nego van braka, i **očuvanje polne ljubavi** je, uprkos naivnim očekivanjima zaljubljenih, mnogo teže. Pored svakodnevne brige za životnu egzistenciju i emocionalne zasićenosti, između bračnih partnera se isprečuje mnogo očekivani porod, koji donosi i mnogo očekivanih i neočekivanih problema, za čije su rešavanje odgovorna oba partnera.

Pod takvim teretom, ljubav se može sačuvati samo **ravnopravnim dogovaranjem** bračnih partnera o svim zajedničkim problemima porodičnog života, bez čega ne može biti ni stvarne slobode u braku, koja nužno podrazumeva ravnopravne odnose. Ako ravnopravnosti nema,

---

[1] dr Marijan Košiček, cit. rad, str. 284.
[2] Leon Žlebnik, cit. rad, str. 205.
[3] Isto, str. 306.

ljubav mora ugasnuti jer ona ne podnosi ponižavanja koja iz neravnopravnosti proističu.

Zbog međusobne nespojivosti, polna ljubav se neminovno guši i satire bračnom neravnopravnošću, utemeljenoj ne samo na formalno-pravnoj, nego pre svega na ekonomskoj nejednakosti bračnih partnera, koja dovodi u iskušenje da se jedna strana izdiže iznad druge, protežirajući svoje egoističke namere. Satiranjem ljubavi egoizam satire i brak jer „...ništa toliko ne otežava međusobno zbliženje i prilagođavanje bračnih drugova koliko prevelika sebičnost jednoga ili drugoga bračnog druga"[1].

Da bi svoja ljubavna osećanja održavali i osvežavali, ljubavni partneri se jedan prema drugom moraju i u braku odnositi kao što su se odnosili pre braka, deleći ravnopravno dobro i zlo, kako im sama ljubav nalaže a ne zato što im to neko drugi pripoveda i propoveda. Samo tako se ljubavlju mogu savlađivati sve bračne poteškoće da poteškoćama ne bi bila savladana sama ljubav, a „...u životu dolazi do toliko teškoća da ih dvoje mladih ljudi nikada ne bi moglo prebroditi kad među njima ne bi bilo prave ljubavi"[2].

Ljubav i porodični odnosi

Porodični odnosi u širem smislu obuhvataju i bračne odnose, a u užem smislu podrazumevaju samo odnose između dece (poroda) i roditelja, koji za sudbinu polne

---

[1] Isto, str. 103.
[2] Isto, str. 202.

ljubavi nisu mnogo manje značajni od bračnih odnosa, na koje bitno utiču, a mogu biti sudbonosni ne samo po bračnu ljubav roditelja već i za polnu ljubav dece.

Neosnovane su pretpostavke da u braku ljubav sa bračnog druga prelazi na decu, jer se **ljubav prema deci** suštinski razlikuje od polne ljubavi. Ali tačno je da deca dodatnim brigama koje sa sobom donose roditeljima, mogu ne oduzeti, nego uništiti njihovu polnu ljubav, iako bi po prirodi stvari, željno očekivani porod morao uticati ne na slabljenje, nego na jačanje polne ljubavi poroditelja.

Polna ljubav, međutim, i ovde ispoljava svoja **protivrečja**, pa se želja i odsustvo želje za porodom smenjuju ili čak prepliću. U rasplamsaloj ljubavi mladi se osećaju toliko samodovoljnim i prezadovoljnim jedno drugim da ne osećaju potrebu ni za porodom, ali nagon za održanjem vrste to samozadovoljstvo stalno remeti neodoljivom željom da se polna ljubav i kroz porod ovaploti i ovekoveči.

Sa dolaskom poroda dolaze, međutim, i **brige** o njegovom **izdržavanju i odgoju.** Gde je brak sklopljen iz ljubavi, najviše nevolja u bračnim odnosima i nastaje zbog dece, a čim se ona odvoje, dolazi do emocionalnog smirivanja. Ako se deca potpuno osamostale i postanu zadovoljna u životu, i među roditeljima zavlada stanje blaženstva, kao da se povrate stari dani nepomućene ljubavne i bračne sreće.

Bračna sreća se mora pomutiti kad se sva ili najveći deo brige o deci svali na **jednog roditelja.** Tada će se cela porodična atmosfera poremetiti jer će biti poremećeni i odnosi među roditeljima i odnosi između dece i roditelja, što će sve skupa uticati ne samo na slabljenje pozitivnih, već i na izbijanje negativnih osećanja, kao što su ljubomora, zavist ili mržnja.

Nasuprot tome, **zajednička** i ravnomerno raspoređena briga o deci može doprinositi učvršćivanju polne ljubavi i bračne sloge roditelja, ali samo kad se pridržavaju dogovorenih i ujednačenih kriterijuma. Kad je jedan od roditelja strog a drugi povlađuje, sloge i nepomućenih osećanja ne može biti ni između roditelja i dece, ni među samim roditeljima.

Najgore je kad roditelji stanu **manipulisati** rođenom **decom** pridobijajući ih za sebe i odvraćajući od drugog roditelja, što se gotovo redovno dešava kad su bračni odnosi poremećeni. Time se još više remeti porodična atmosfera, u kojoj se pozitivne emocije potiskuju negativnim emocijama.

Kad bračna ljubav prestane ili oslabi, pokušava se **nadomestiti** pojačanom roditeljskom ljubavi, što se obično ispoljava kroz povlađivanje i maženje, koji negativno utiču na vaspitanje dece ali i na međusobne odnose roditelja. Mamine i tatine maze zagorčavaju život i sebi i roditeljima, a samo su ih mame i tate takvima napravili.

Pošto deca veću naklonost pokazuju prema onome ko im popušta, time se raspaljuje **roditeljska ljubomora**, kojom se narušavaju i polna osećanja. Još gore je ako se roditelji u povlađivanju stanu takmičiti, što će deca sigurno zloupotrebljavati, ucenjujući čas jednu, čas drugu stranu. Ljubomora će mučiti i decu ako jedan ili oba roditelja više povlađuju jednom nego drugom detetu.

S obzirom da deca o roditeljskoj ljubavi sude po tome koliko im čine na volju, ona će doživljavati psihičke traume ako im se nešto čas dopušta, čas uskraćuje, ili ako se jednom detetu uskraćuje to što se drugom dopušta. Istraživanja pokazuju da je u tome jedan od osnovnih izvora psihičkih poremećaja koji vuku korene iz ranog detinjstva.

Nesrećna deca neizostavno unesrećuju i roditelje, među kojima nastaju prepirke i optuživanja ko je kriv ili ko je krivlji za to unesrećiteljstvo. A to je opaki „mišomor" za njihova polna osećanja, koja moraju erodirati ma koliko jaka bila. Zato je možda bolje da se o krivcima i ne razmišlja, ali je najbolje da se potencijalne nesreće pravovremeno spreče.

Kao što može i usrećiti i unesrećiti ljubavne partnere, polna ljubav može **usrećiti i unesrećiti** i njihov **porod**. Iz srećnog braka zasnovanog na polnoj ljubavi, izlaze, pod jednakim ostalim uslovima, i srećna deca, i obrnuto, nesrećan brak gotovo neizostavno unesrećuje i decu. To se, kao i na sve ostalo, odnosi i na vezu između polne ljubavi roditelja i polne ljubavi dece. Samo su intelektualno snažne ličnosti sposobne da savlađuju duševne krize koje vuku korene iz polnih odnosa roditelja.

Ljubavni srećnici svakako žele da i njihova **deca u ljubavi budu srećna**, i trude se da im u tome pomognu, ili im bar ne čine velike smetnje i zabrane. U svakom slučaju, roditelji koji su brak zasnovali iz ljubavi i na ljubavi ga održavaju, imaju mnogo više razumevanja za ljubavne probleme dece od onih koji su u ljubavi bili nesrećni i u bračne vode uplovili iz nekih drugih pobuda.

Nesrećnici koji su se, u braku ili pre braka, **u ljubav razočarali**, različito se odnose prema polnoj ljubavi svoje dece: priželjkuju da im bar deca budu srećna ako oni nisu imali sreće, zabranjuju im zabavljanje da ne bi bili njihove „sreće", ili se kolebaju kako da postupe. Zabrane su motivisane i osnovanim strahom od nepoželjnih posledica: neželjenog začeća, napuštanja škole, preranog zasnivanja neuslovnog braka, i tome slično. Ali ako se ne mogu lečiti, takve posledice je moguće **sprečiti**.

To je mnogo lakše kad postoji stvarna ljubav nego ako ljubavi nema jer koreni pomenutih posledica nisu toliko u ljubavnim osećanjima koliko u nagonskim strastima, koje se baš produhovljenim ljubavnim osećanjima stišavaju. Svojim iskustvom i savetima roditelji mogu znatno pomoći da intelekt nadvlada nagonske emocije i da se sve nepoželjne posledice polnog opštenja mladih blagovremeno spreče. Razumnim vođenjem, vanbračna polna ljubav se, bez ikakvih nepoželjnih posledica, može produžavati unedogled.

Nasuprot tome, **prinudnim prekidom** stvarne ljubavi mladi se teraju u seksualne avanture i razvrate, koji rezultiraju mnogo težim posledicama. Razumnim savetima roditelji svoju decu mogu usrećiti, a nerazumnim zabranama višestruko unesrećiti s obzirom da nesrećna ljubav prouzrokuje i mnoga duševna oboljenja koja se teško leče.

Najteže je **pomoći opsesivnim zaljubljenicima**, koje treba odvojiti od iluzornog idola da ih nesrećna iluzorna ljubav ne bi još više unesrećila, jer oni najbrže i srljaju u ambis. Zabranama se i tu samo gore može učiniti jer će se nagonske strasti još više razbuktavati. Slepe emocije se moraju uporno obasipati snažnom svetlošću uma da bi se razbile uvrežene iluzije o nepostojećoj sreći i odagnala teška opsesija. Zaljubljenom nesrećniku treba pomoći da dođe sebi i shvati da se „...*zaljubio u iluziju a ne u stvarnu osobu, da se zaljubio u fantaziju, projekciju svojih nada, strahovanja i ideala*"[1]. Umesto da se silom odvaja od iluzornog ljubavnog objekta, mora se sam odvojiti od sopstvenih iluzija.

---

[1] Liz Hotkinson, cit. rad, str. 115.

POLNA LJUBAV I DRUŠT-
VENA REPRODUKCIJA

Polna ljubav i biološka
reprodukcija

*D*ruštvena reprodukcija je pre svega reprodukcija ljudskih (društvenih) jedinki, bez kojih ni društva nema. I društveni razvoj, bez kojeg ne može biti ni opstanka društva, uslovljen je razvojem generičkih potencija društvenih individua, zasnovanom pre svega na razviću moždanih centara.

Izvorna osnova biološke reprodukcije jedinke je **reprodukcija vrste.** Jedinka se mora najpre stvoriti da bi se mogla razvijati, bez čega ne može ni opstati ni postojati, a da bi se stvorila, neophodne su dve jedinke suprotnih polova, koje u malom oličavaju vrstu. Jedno nikako ne može nastati od jednoga, ali ni od dva istovetna stvora, što je elementarna dijalektika reprodukcije i jedinke i vrste.

Nisu, međutim, za zdravu reprodukciju vrste dovoljne ni osobe različitog pola ako ne poseduju i različita individualna svojstva, čijim se ukrštanjem dobija napredan porod. Da bi se razvijao i održao, ljudski rod je morao tražiti načina da isključi ili bar ograniči parenje polova sa

145

sličnim individualnim svojstvima čijim se ukrštanjem ra-
đaju degenerici.

Brak je, radi društvenog regulisanja u funkciji una-
pređenja reprodukcije ljudskog roda, zapravo i nastao isk-
ljučivanjem krvnih srodnika iz polnog opštenja. Najpre
su kao najbliži krvni srodnici isključivani roditelji i deca,
zatim rođena braća i sestre, pa dalji rođaci, odnosno deca,
unučad i praunučad braće i sestara, čime su sve više suža-
vane mogućnosti degeneracije vrste.

To **ograničavanje** je vršeno, i moglo se vršiti samo
putem društvenih zabrana, oslonjenih na fizičku i duhov-
nu prinudu. Od pamtiveka do današnjeg dana, svim druš-
tvenim normama: običajnim, moralnim, religijskim i prav-
nim, zabranjuje se sklapanje braka između krvnih srod-
nika, čime je i individualna svest toliko učvršćena da se ni
na vanbračno polno opštenje ne pomišlja.

Što se polna ljubav više razvija, i ukoliko se brakovi
sve više sklapaju iz ljubavi, društvene zabrane postaju sve
izlišnije pošto se ljubavna osećanja ne mogu ni začeti me-
đu osobama s istovetnim genetskim svojstvima. Ukoliko
ljubavne veze ponekad i nastaju među krvnim srodnicima,
one se ne zasnivaju samo na sličnim, već i na različitim
svojstvima, čijim se ukrštanjem umesto negativne, obez-
beđuje pozitivna selekcija.

Polna ljubav na taj način postaje glavni i najpouzda-
niji **regulator biološke reprodukcije** društva, koja se
umesto spoljašnjom prinudom, obezbeđuje unutarnjom
snagom samog generičkog bića čoveka. Polna ljubav je, nai-
me, ta generička snaga koja ljudska bića različitih polova

i svojstava čvrsto vezuje intelektualno-emocionalnim vezama, pored kojih za njihovu biološku reprodukciju sve druge veze postaju suvišne.

Dok otuđene društvene norme razdvajaju krvno povezane polove, zabranjujući im međusobno polno opštenje, ljubavna osećanja krvno nevezane polove povezuju upravo polnim opštenjem. U prvom slučaju samo se sprečava negativna, a u drugom obezbeđuje pozitivna, i najpozitivnija selekcija.

Nadopunjavanjem različitih genetskih svojstava, polna ljubav obezbeđuje najzdraviju i najnapredniju moguću reprodukciju ljudskog roda. Što je komplementarnost različitih svojstava veća, veće su i genetske potencije poroda, čijim se razvijanjem iz generacije u generaciju obezbeđuje sve progresivnija reprodukcija društva.

Progresivna biološka reprodukcija je uslov progresivne **materijalne reprodukcije** društva, koja sa svoje strane omogućava još progresivniju biološku reprodukciju. Genetski naprednije individue su društveno produktivnije, a viši nivo produktivnosti omogućava i viši životni standard, pri kojem se brže i potpunije razvijaju fizičke i duhovne potencije ljudskog bića i celog ljudskog roda.

Nasuprot tome, sve **negativne emocije** u polnim odnosima negativno utiču i na razvijanje životnih potencija jedinke i na reprodukciju društva. Svaki ljubavni bol apsorbuje životnu energiju, ubija volju za rad i stvaralaštvo, umanjujući radne i stvaralačke sposobnosti, čime se automatski umanjuje individualni doprinos društvenoj reprodukciji. Razorena ljubav razorno deluje i na privatni

147

i na javni život razočaranih zaljubljenika; razočarani u
ljubav su razočarani i u život ukoliko je ljubav shvaćena
kao smisao života.

Razorno dejstvo nesrećne ljubavi oseća najpre
porodica. Bračni odnosi su labilni i konfliktni, deca se prepuštaju „ulici", briga o porodičnom domaćinstvu popušta,
svako vuče na svoju stranu, porodičnom imovinom se neracionalno raspolaže. Nesrećnim porodičnim životom unesrećuje se i porod, koji srećnije utočište traži van porodičnog kruga ali često upada u neočekivane zamke životnog
lavirinta.

Srećnije utočište van porodičnog kruga traže i nezadovoljni supružnici, odajući se ljubavnim avanturama i
ulazeći u dramatične zaplete koji komplikuju život, iscrpljuju životnu energiju i umanjuju radne i stvaralačke sposobnosti. Komplikacije nesređenog privatnog života odvlače pažnju od proizvodne i stvaralačke delatnosti, od čega trpi celokupna društvena reprodukcija.

Ali ne utiču polne emocije jednostrano na društvenu
reprodukciju već su i same pod sudbonosnim uticajem
ukupne, i pre svega biološke reprodukcije društva. Ne zavisi samo sudbina društva od društvenih jedinki, nego je
i život društvenih jedinki u organskoj zavisnosti od sudbine društva. I sve ljudske emocije su proizvod i činilac i individualnog i kolektivnog života, koji ne može ni biti samo individualni ili samo kolektivni.

Sama **polna ljubav nastala je** i razvija se kao istorijski proizvod individualnog i kolektivnog života ljudskih bića i ljudskog roda. Kao posebna i tipično ljudska intelektualno-nagonska emocija, ona se pojavila tek na određenom stupnju razvoja ljudskog intelekta i ukupne biološke reprodukcije čovečanstva. Po nalazima Fridriha Engelsa, „...*pre srednjeg veka ne može se govoriti o individualnoj polnoj ljubavi*...", koja se „...*suštinski razlikuje od antičkog prostog polnog nagona, erosa*"[1].

Zbog intelektualne nerazvijenosti, „...*prvi čovek je u odnosu prema suprotnom polu bio vrlo blizak ostalim životinjama, tj. sve njegovo interesovanje za suprotan pol poticalo je iz sirovog spolnog nagona, što znači da se njegova ljubav svodila na polno spajanje... Prvi stupnji ljubavi u čoveka, svakako, počinju u doba kada se kod ljudskog, dvonožnog bića javljaju, pored nagona, a naročito iznad njega - intelektualni procesi, mišljenje i rasuđivanje, svest, znači uticaji razmišljanja, zaključivanja i verovanja*"[2].

Sa razvojem ljudskog intelekta komandni centar polne aktivnosti sve više je preseljavan u koru velikog mozga, gde su smeštene sve laboratorije duhovne aktivnosti, pa je i polna ljubav tek na određenom stupnju tog razvoja mogla nastati kao poseban i samo visokoumnim bićima svojstven oblik polnih odnosa. „*Polni život čoveka se razvijao, i još se i danas razvija, između dve suprotnosti: instinkta i razuma, poleta i kočenja, želje i zabrane*"[3].

Razum, polet i želje su **odlučujući činilac razvoja** polnog života, a oni sa razvojem intelekta jačaju, čime se polna ljubav podiže na sve viši nivo. Prvobitna, pa i današnja primitivna polna osećanja su prevashodno u funkciji

---

[1] K. Marks, F. Engels, *Dela*, Prosveta, tom 32, str. 65.
[2] dr Aleksandar Đ. Kostić, *Polno saznanje*, isto, str. 424. i 425.
[3] Isto, str. 468.

egoističkog zadovoljavanja seksualnih potreba, a ni u romantičarskoj ljubavi, koja se „...*rodila tek oko jedanaestog veka*...“[1], ne polaže se mnogo na njeno uzvraćanje, bez čega se savremena polna ljubav sa velikim bolom doživljava.

Romantičarska osećanja, koja su još i danas rasprostranjena, okrenuta su više subjektu nego objektu ljubavi, kako se i u šali podrugljivo kaže da nije važno da li tele voli mene ako ja volim teletinu. „*Romantična ljubav sva kipti od veštačkog i nameštenog, više upućivanog i darivanog sebi nego objektu ljubavi, kome se, tobož, peva i klanja*...“, te je „...*Enor s pravom istakao da je romantičarska ljubav*..., *u stvari, ljubavni narcizam, sentimentalni egoizam*“[2].

Uzajamna altruistička ljubav (ljubav za ljubav) mogla je postati duhovna, društvena i duševna dragocenost tek na odgovarajućem višem stupnju biološke i društvene reprodukcije ljudskog roda. Zato je logično pretpostaviti da će dalji razvoj čovečnosti i čovečanstva donositi sve više ljubavi među ljudskim polovima, i da vreme pravih i srećnih ljubavi tek dolazi.

Pre svega, polna osećanja se sve više razvijaju sa razvijanjem njihove generičke osnove - ljudskog intelekta, koji postaje sve sposobniji da upravlja nagonskim emocijama i savlađuje sve duševne prepreke slobodnom ispoljavanju, održavanju i razvijanju polne ljubavi. Već i samo prodiranje u tajne ljubavnih osećanja pomaže da se shvati njihovo protivrečno ispoljavanje i otklone mnogi nesporazumi u polnim odnosima koji ih ugrožavaju.

---

[1] Isto, str. 331.
[2] Isto, str. 333.

150

Razvijanju polnih osećanja posebno doprinosi **unapređivanje materijalnih uslova životne egzistencije**, koji na polne odnose i polna osećanja bitno utiču. *„Rođena posle gladi, posle žeđi, posle straha i posle sirovog polnog nagona..."*[1], polna ljubav se samo u uslovima materijalnog blagostanja može slobodno ostvarivati i razvijati, zbog čega *„...ništa više ne vapije za oslobođenjem od svakog materijalnog robovanja nego ljubav"*[2].

To sasvim potvrđuje i činjenica da se za polnom ljubavi više vapi tamo gde je materijalno blagostanje veće, pa *„...u Sjedinjenim Državama, mada obziri konvencionalne prirode nisu potpuno odsudni, ljudi u velikoj mjeri traže „romantičnu ljubav", lični doživljaj ljubavi, koji ih zatim treba dovesti do braka"*[3]. Nema sumnje da *„...put za višu i najvišu ljubav vodi samo kroz korenitu ekonomsku reformu društva, kroz njegov preporod..."*[4], jer potpuno slobodne polne ljubavi ne može biti bez ekonomskog oslobođenja ljudskih individua oba pola.

Polna ljubav i duhovna reprodukcija

Ljudske emocije su glavni **pokretači duhovne aktivnosti**, bez koje nema ni duhovnog uzdizanja ljudske jedinke i ljudskog roda. *„Sve što je vredno u životu, stvoreno*

---

[1] Isto, str. 469.

[2] Isto, str. 433.

[3] Erich Fromm, cit. rad, str. 10.

[4] dr Aleksandar Đ. Kostić, *Polno saznanje*, isto, str. 463.

je zahvaljujući dubokim emocijama..."[1], a jedna od naj-
dubljih emocija i jedan od najsnažnijih pokretača duhov-
ne kreativnosti je polna ljubav, koja „...*predstavlja vrlo
snažan podsticaj za život i rad...*" i „...*otvara vrata ne sa-
mo u pravo stvaralaštvo, nego u najpotpunije telesno i du-
ševno življenje čoveka*"[2].

Takva moć polne ljubavi proističe otuda što ona bu-
di ogromnu životnu energiju usmerenu na dokazivanje
ličnog individualiteta zaljubljenika, koji se zbog toga „...*os-
jeća mnogo snažniji...*" i „...*osjeća da mu je vitalnost po-
rasla*"[3]. Pošto mu je jako stalo do toga da pred voljenom
osobom do maksimuma ispolji sve svoje potencije, on, crpe-
ći i poslednji atom snage iz svog životnog rezervoara, čini
krajnje napore da se u najboljem svetlu pokaže i dokaže.

Ali kao što se ni duboka ljubavna osećanja ne ispo-
ljavaju sasvim direktno, otvoreno i napadno, tako se i **po-
kazivanje ličnih vrednosti** vrši više indirektno i kroz
obraćanje široj javnosti, ili prividno nezainteresovano, da
bi se voljenoj osobi na jedan posredan način stavilo do
znanja sa kim ima, ili može imati posla. I da bi se sopst-
veni kvaliteti što više istakli, teži se upravo ka tome da
oni budu društveno vrednovani i od šire javnosti cenjeni,
što je nesumnjivo jedan od izvora nesporazuma u polnim
odnosima ukoliko ljubavni partner želi da voljena osoba
samo njemu bude okrenuta.

---

[1] dr Dušan D. Đorđević, *Razvojna psihologija*, Dečje novine, Gornji Mi-
lanovac, 1981, str. 186.

[2] dr Aleksandar Đ. Kostić, *Polno saznanje*, isto, str. 316.

[3] Pierre Janet, cit. rad, str. 240.

Motivi ličnog dokazivanja u polnim odnosima su dvojaki. Jedan je da bi se voljena osoba što više zainteresovala, privukla i pridobila, a drugi da bi joj se što više ponudilo, pružilo i darivalo. Egoizam i altruizam se ovde sjedinjuju, stapaju i međusobno potiru jer se od voljene osobe traži sve što ima i daje joj se sve što se može dati.

Za **polnu privlačnost** su od najvećeg značaja sledeće tri vrednosti: seksibilitet, društvena moć i pamet. Prva je od prirode, a druga od društva darovana („bogomdana"), dok se samo treća mora umnom aktivnošću stalno potvrđivati i dokazivati, ali ona je za polnu ljubav i najsudbonosnija. Voleti se može i bez seksibilnosti i bez društvene moći, a kad pameti nestane, i ljubav prestaje, zbog čega je sva životna energija zaljubljenika usmerena na ispoljavanje i dokazivanje intelektualnih vrednosti.

Pošto je intelekt temelj polne ljubavi, ona se pre svega kroz **dokazivanje intelektualnih vrednosti** dokazuje. Samo ostvarivanje ljubavi je svojevrsno duhovno reprodukovanje ljudske individue kroz koje se ona generički pokazuje i dokazuje. Doživljavanjem i proživljavanjem polne ljubavi vrši se ne samo biološka nego i duhovno-duševna relaksacija i regeneracija zaljubljenika, bez čega bi ljudski (ne samo polni) život bio neinteresantan i dosadan.

To nije prosto već **progresivno obnavljanje** duševnog života koje znači blagotvorno uzdizanje i duše i tela na viši i sve viši nivo razvojne reprodukcije. Ljubavi nikad nije dosta; ona ne zna za granice i zastoje već stalno teži napred u sve dublje dubine i sve više visine. Zaljubljeni se nikada ne zadovoljavaju postignutim i dostignutim nego su stalno obuzeti i zauzeti novim iskazivanjima i dokazivanjima.

153

Nijedna ljubav ne može, međutim, sama da apsorbuje svu životnu energiju koju pobuđuje. Stoga se **višak energije** koji pretiče preko emocionalnog iscrpljivanja, ulaže u druge životne, radne i stvaralačke aktivnosti. Energija oslobođena emocionalnim pražnjenjem, zrači na sve strane i od razumnosti usmeravanja zavisi kako će se upotrebiti, a usmerava se uglavnom prema životnim preokupacijama.

Za duhovnu reprodukciju presudna je **preokupacija duhovnim stvaralaštvom**, koje u polnoj ljubavi nalazi neiscrpni izvor energije, što je naročito kod umetničkog stvaralaštva veoma evidentno. *„Ne samo crtežima i pričanjem već i pesmom koja budi i pojačava čuvstva, ispoljavao je primitivac kao već i docniji čovek ono što je osećao, ili što u danom trenutku oseća"*[1].

Ljubav je glavni i neskriveni **motiv umetničkog stvaranja** u književnosti, muzici, slikarstvu i vajarstvu, ali i snažan skriveni motiv u naučnom stvaralaštvu. *„Književnik bez izražene polnosti ne bi bio stvaralac...",* a *„...čovek bez izražene polnosti ne bi za književne stvaraoce predstavljao nikakav motiv..."* jer bi *„...to bilo biće ujednačenog životnog ritma, bez problema, bez kolebanja, bez borbe, bez nepredviđenog"*[2]. Ljubavna osećanja su najsnažniji podsticaj za pisanje pesama, sastavljanje muzičkih kompozicija, slikanje i vajanje umetničkih figura i prizora kroz koje se najneposrednije izražavaju.

U naučnim delima to se ne vidi, ali su mnoga motivisana ljubavnim osećanjima i doživljajima kojima je

---

[1] Dragoslav Aleksić, cit. rad, str. 30.

[2] dr Aleksandar Đ. Kostić, *Polno saznanje*, isto, str. 30.

podsticana stvaralačka energija, a pojedina su i javno posvećena voljenoj osobi. Značajna naučna dostignuća rezultat su združene energije znanih i neznanih ljubavnih i bračnih parova koji su polno partnerstvo krunisali stvaralačkom saradnjom.

Emocionalna energija se na taj način opredmećuje u trajnim duhovnim vrednostima, na kojima se temelji duhovna reprodukcija. Polna ljubav je u stvari najsnažnija **generička spona između biološke i duhovne reprodukcije**, te biološkog i duhovnog održanja i napredovanja ljudskog roda. Ona je ta koja više od svega obezbeđuje ne samo da je u zdravom telu zdrav i duh nego da se okrepljenjem duha i telo okrepljuje. Duboka ljubavna osećanja su najokrepljujući duševni i telesni eliksir koji i „mrtve iz groba podiže", a čiji nesrećni gubitak i „žive u grob sahranjuje".

Ali intelektualno snažne ličnosti čak i gubitak polne ljubavi mogu **kompenzirati** snažnom ljubavlju prema stvaralaštvu jer se potencijalna emocionalna energija transformiše u stvaralačku energiju. *„Oni koji su mnogo i neobuzdano opevali ljubav često su oni koji je nikad nisu u punoj meri kusali..."*[1], pa se čak i odsustvo uzvraćene ljubavi nadomešta pojačanom stvaralačkom aktivnošću. Ne samo u ljubavnom ushićenju već i u ljubavnom očaju mnogi pišu ljubavne pesme, kao što je činila i razočarana Liz Hotkinson, koja se posvetila i naučnom istraživanju polne ljubavi, napisavši o ljubavnoj opsesiji izvanrednu studiju.

Polna ljubav ne bi, međutim, tako snažno uticala na duhovno stvaralaštvo da i duhovno stvaralaštvo, sa svoje

---

[1] Isto, str. 406.

strane, ne utiče snažno na polnu ljubav. Stvaralaštvo je u funkciji ljubavi isto toliko koliko je ljubav u funkciji stvaralaštva. Ono je zapravo socijalizirani oblik produhovljavanja i kultiviziranja polnih emocija, njihovog pretvaranja iz nagonskih pobuda u uzvišena ljudska osećanja.

Najprostiji oblik duhovnog uticaja na polne emocije predstavlja **telesno ulepšavanje** (doterivanje, ukrašavanje, kindjurenje, i slično) koje ima za cilj da se kod simpatije suprotnog pola izazove dopadanje. Telesni izgled i odevanje prilagođavaju se ukusu polnog objekta, što pored poznavanja opštih pravila estetike pretpostavlja i prethodno upoznavanje sa ličnim ukusima dotične simpatije, koji manje ili više, redovno odstupaju od opštih pravila. Da bi se dopalo, veštački se uteže ili rasteže stas, podešava visina pomoću visokih ili niskih potpetica, farbaju kosa i obrve, karminiše i uglačava lice, oblači odeća odgovarajućih dezena, nose ukrasni predmeti (prstenje, narukvice, minđuše) i tome slično. Prava je umetnost da se na taj način privuče polni partner jer promašaji izazivaju suprotan efekat.

Mnogo veći značaj pridaje se, međutim, **duhovnom** nego telesnom **podilaženju**, koje se u odnosu na duhovno, naročito kod dubokih polnih osećanja čak i zapostavlja. Voljenoj osobi se obraća biranim rečima i izrazima, pišu kitnjasta ljubavna pisma, darivaju pokloni i poklončići, čine prigodne usluge i ugađanja, posvećuje izuzetna pažnja i strogo vodi računa da joj se ne nanese nikakva uvreda. Odlučujuću ulogu u tome igra emocionalna inteligencija, koja predstavlja, najtešnju vezu i najveću harmoniju intelekta i emocija.

Ta harmonija se na jednom višem nivou uspostavlja kroz **muziku, pesmu i igru**, gde se duhovno i emocionalno podilaženje vrše istovremeno i sinhronizovano. Rimovanjem i ritmovanjem ideja, emocija, melodija i pokreta osvajaju se istovremeno srce i duša, koji ne mogu odoleti ako su provocirani od nekoga prema kome osećaju neke simpatije. Kroz odgovarajuće telesne pokrete, zvučne i glasovne intonacije izražavaju se polne emocije zaljubljenika, što uzbuđuje osobu prema kojoj su usmerene ako je uzvratnim emocijama i sama aficirana.

Umetničko i naučno stvaralaštvo se odvajaju i izdižu iznad individualnih emocija ali snažno utiču na sve individualne emocije jer pogađaju ono što je u njima tipično i generičko. Jedno umetničko ili naučno delo je utoliko vrednije ukoliko u njemu sebe pronalazi veći broj individua, te je utoliko veći i njegov uticaj na njihovo duhovno i emocionalno biće.

Najveća kultivizacija polnih osećanja vrši se upravo pomoću umetničkog i naučnog stvaralaštva, koje ih podiže na viši i sve viši generički nivo. Maštanja o prinčevima i princezama iz bajki vrše se prema literarnim uzorima, opojne melodije muzičkih kompozicija i očaravajući pogledi umetničkih portreta i skulptura, pobuđuju i uzbuđuju, navode i zavode zaljubljenička srca i duše, a naučne studije otkrivaju tajne polnih osećanja, upućujući neupućene kako da njima vladaju da bi ih održavali i razvijali.

Za razliku od tipičnih stvaralačkih projekcija, koje utiču na masovno kultiviranje polnih emocija, **atipične projekcije**, koje izražavaju samo subjektivne stavove autora, deluju odbojno ili nailaze na masovno nerazumevanje, zavisno od toga da li projektuju emocije niže ili više vrednosti od tipičnih. Pošto degradira polna osećanja, bolesna ljubomora ne nailazi na prijemčivost kod emocionalno zdravih osoba, kao što je ljubavna velikodušnost teško shvatljiva za osobe prosečne i niže emocionalne inteligencije.

Pošto su sva umetnička pa i naučna dela manje ili više opterećena **autobiografskim subjektivizmom**, savršene emocionalne kultivizacije nema, pogotovu što su u poplavi kvazistvaralačkog šunda relativno retka vredna stvaralačka dela. Pod opterećenjem ličnih iskustava, mnogi stvaraoci izvode jednostrane i pogrešne zaključke, koji negativno utiču na formiranje polnih emocija.

Zbog toga je u emocionalnom vaspitanju i prevaspitanju neophodan **kritički odnos** prema emocionalnim implikacijama umetničkog i naučnog stvaralaštva, što pretpostavlja razvijenu naučnu kritiku, kojoj se, međutim, u emocionalnoj sferi još ne posvećuje veća pažnja. Stoga se **emocionalno vaspitanje** zapostavlja, a polno uzdizanje svodi se uglavnom na seksualno obrazovanje. Polna ljubav je čak i u univerzitetskim udžbenicima sasvim sporadična tema ako se uopšte i spominje.

Pošto emocije imaju sudbonosnu ulogu u ljudskom životu, emocionalno vaspitanje bi bilo neophodno još od rođenja. Pubertetske dane ne bi trebalo dočekivati bez osnovnih znanja o polnoj ljubavi, koja bi morala predstavljati jedan od osnovnih predmeta porodičnog i školskog obrazovanja i vaspitanja. Roditelji i profesionalni pedagozi morali bi, uz povremene savete psihologa i psihijatra, biti dnevni savetodavci u ovladavanju polnim emocijama.

Polna ljubav i reprodukcija društvenih odnosa

Polna ljubav je karakteristično duševno stanje ljudskog bića, ali nije samo subjektivno stanje ljudske jedinke već je duševno stanje celog ljudskog roda pošto je sama ljudska jedinka **društveno** biće. Sam pojam ljubavi podrazumeva određeni društveni odnos jer voleti znači voleti **nekoga**. Ljubavnih osećanja nema bez subjekta i objekta ljubavi, koji predstavljaju različite individue.

Ništa uverljivije od polne ljubavi ne pokazuje da ljudska individua nije dovoljna samoj sebi, zbog čega željno vapi za drugom individuom, jer ništa neposrednije ne izražava društveno biće čoveka u svim njegovim dimenzijama. Zato je polni odnos osnovica društvenih odnosa, a polna zajednica osnovna ćelija društvene zajednice.

Na polnim odnosima zasniva se ne samo biološka reprodukcija ljudskih individua već i **reprodukcija** njihovih **međusobnih odnosa**. Sa menjanjem polnih odnosa menjaju se ukupni društveni odnosi, koji odlučujuće utiču na razvijanje proizvodnih snaga i duhovnog stvaralaštva, pod čijim se uticajem i sami menjaju i razvijaju. U tom spletu polni odnosi igraju značajnu, umnogome sudbonosnu iako često skrivenu ulogu.

Individualna polna ljubav pretpostavlja i podrazumeva relativno samostalnu i slobodnu individuu jer i sama znači „...*individualizaciju polnosti*...“[1] i slobodan izbor polnog partnera. Neophodna je ne samo određena

---

[1] dr Aleksandar Đ. Kostić, *Polno saznanje*, isto, str. 449.

duševna samosvojnost, po kojoj se jedna individua razli-
kuje od ostalih individua, već i mogućnost svojevoljnog fi-
zičkog podvajanja i odvajanja od drugih, isto tako samo-
stalnih i slobodnih individua.

Zato polna ljubav nije mogla procvetati u divljoj **pra-
komunističkoj zajednici** sa fizički nerazdvojnim i du-
ševno još neizdiferenciranim jedinkama, koje zbog toga
nisu mogle emocionalno žudeti jedna za drugom. Polni od-
nosi svodili su se uglavnom na povremeno seksualno opš-
tenje, zasnovano na nagonskim potrebama i fizičkim afi-
nitetima bez trajnog emocionalnog vezivanja. Braka kao
društveno regulisane institucije, još nije bilo jer su prak-
tično svi živeli u divljem i čoporativnom braku. U sakup-
ljačkom načinu privređivanja gde su svi čoporativno oba-
vljali iste i uglavnom fizičke funkcije, nije bilo razvijenog
osećanja potrebe za duševnim poistovećivanjem različito-
sti jer su po sili prirodne nužde svi već bili duševno bezra-
zlični i poistovećeni.

Društvena podela rada bila je sudbonosna ne sa-
mo za profesionalno-radnu, već i za mentalnu diferencija-
ciju, koja je odgovarajućeg odraza imala i na polna oseća-
nja. Podela na lovstvo i stočarstvo odvojila je muškarca od
žene, stvarajući osećanje međusobnog nedostajanja, kojeg
nije bilo dok su stalno boravili zajedno. Dok je žena osta-
jala kod kuće da gaji decu i stoku, muškarac je odlazio u
lov na divljač, zadržavajući se kraće ili duže do potrebnog
ulova. Odvajanje je rađalo obostranu želju za spajanjem,
ali to su još bile više nagonsko-seksualne nego duhovne
emocije, čije je razvijanje zbog polnih nejednakosti mo-
ralo teći jako sporo.

Pri **matrijarhatu** (u sindijazmičkoj porodici) žena je bila gazda u kući, a muškarac „spoljni momak" koji je mogao biti u svako doba najuren, ali dok je u braku, žena mu je morala biti verna jer je brakolomstvo, za koje je samo ona bila odgovorna, okrutno kažnjavano. Pošto ne podnosi nejednakosti i prinudu, polna ljubav u takvom braku nije mogla ni nastati ni opstati, zbog čega je uz nepostojanu ekonomsku osnovu, i sam bio nepostojan.

Zbog polnih nejednakosti i bračne prinude, kolevku polne ljubavi nije mogla predstavljati ni **patrijarhalna monogamska porodica**, kao što „...*u brutalnim patrijarhalnim društvenim odnosima...*" inače „...*nije bilo mnogo mogućnosti za procvat prave seksualne ljubavi*"[1]. Kao vlasnik porodičnog imetka, starešina porodičnog gazdinstva je stareševao i u braku, odnoseći se prema ženi kao prema vlastitoj robinji sa kojom je mogao postupati kako je hteo, tako da se „...*monogamija javlja kao podjarmljivanje jednog pola od strane drugog, kao proklamacija suprotnosti polova koja je dotle nepoznata u celoj istoriji*"[2].

Zato monogamska porodica „...*nikako nije bila plod individualne polne ljubavi, s kojom nije imala ničega zajedničkog, jer su brakovi, kao i ranije, bili brakovi iz imovinskih obzira... U beskrajnoj većini slučajeva, sve do kraja srednjeg veka, sklapanje brakova ostalo je ono što je od početka bilo - stvar o kojoj nisu odlučivali učesnici... U sindijazmičkom braku je pravilo da majke ugovaraju brakove za svoju decu; i ovde odlučuju obziri u pogledu novih srodničkih veza koje bi imalo da obezbede mladom paru*

---

[1] dr Marijan Košiček, cit. rad, str. 226.
[2] F. Engels, K. Marks, F. Engels, *Dela*, isto, tom 32, str. 56.

*povoljniji položaj u gensu i plemenu. A kad su s prevagom
privatne svojine nad zajedničkom svojinom i s interesom
u pogledu nasleđivanja došli do prevlasti patrijarhat i
monogamija, onda je sklapanje braka postalo potpuno za-
visno od ekonomskog obzira"*[1].

Pri takvom stanju stvari, polna ljubav se mogla
razvijati samo **izvan braka** kao njegova suprotnost i na-
sušna potreba kultiviranih polnih odnosa. Stoga je
obostrano bračno neverstvo večiti i neotklonivi pratilac
monogamije. *„Uz monogamiju i heterizam, preljuba je
postala neizbežna društvena ustanova - zabranjivana,
strogo kažnjiva, ali nesavladiva"*[2]. Čega nema u braku to
se traži van braka, svejedno da li je bračna ljubav posto-
jala pa prestala ili je nikada nije ni bilo.

Ali društveni uslovi za polnu ljubav još nisu povoljni
ni van braka jer *„...osnovni uslov za izgrađivanje i održa-
vanje prave i potpune ljubavi jeste da čovek, i kao radnik
i kao subjekt ili objekt ljubavi, bude slobodan i ravnopra-
van član društva...“*[3], a toga pri vladavini **monopolis-
tičke vlasti i vlasništva** nema ni među pripadnicima
različitog pola. *„Čim se polovi u svom društvenom položa-
ju postavljaju jedan prema drugom različito, s posve neje-
dnakim pravima, kao privilegovani prema zaposlenom, tu
nema gradivnih elemenata za pravu i potpunu ljubav"*[4].

Stoga je Erich Fromm sasvim u pravu kad kaže da
su *„...**princip** koji stoji u osnovi kapitalističkog društva*

[1] Isto, str. 56. i 66.

[2] Isto, str. 58.

[3] dr Aleksandar Đ. Kostić, *Polno saznanje*, isto, str. 459.

[4] Isto, str. 460.

*i **princip** ljubavi nespojivi...*", zbog čega su „*...ljudi koji su sposobni da vole nužno izuzeci u sadašnjem sistemu...*", gde je „*...ljubav nužno granični fenomen*"[1]. Dok je materijalna dobit na najvišoj, ljubav je na najnižoj lestvici društvenih vrednosti; i dok se živi na račun drugog, ne može se živeti za drugog i saosećati sa drugim.

Držeći se strogo svojih profiterskih principa, kapitalizam je umesto emocionalno-intelektualne, pokrenuo **seksualnu revoluciju**, da bi umesto duševnog preporoda, preporodio seksualnu zadovoljštinu. Kao u materijalnoj, tako je i u duševnoj sferi sve bačeno na kartu tehnoloških inovacija. Umesto produhovljenim emocijama, problem seksualnog sladostrašća rešava se seksualnom tehnikom.

Zadovoljstvo koje ljudskoj duši pričinjavaju nežna ljubavna osećanja, ne može se, međutim, porediti niskakvom seksualnom zadovoljštinom. Da bi se ljudsko biće emocionalno izdiglo iznad ostalog životinjskog sveta, neophodna je umesto seksualne, **emocionalna revolucija**, kojom će se ljudske emocije izdići iznad nagonskih životinjskih emocija. A ona se ne može izvršiti nikakvim tehnološkim inovacijama ako se ne izvrše revolucionarne (korenite) duševne inovacije.

Zbog svoje eksploatatorske prirode, kapitalizam takve inovacije ne može izvršiti, ali je njegova istorijska zasluga što je započeo stvaranje određenih društvenih pretpostavki za revolucionarni emocionalni preporod ljudskih duša. Promene društvenih odnosa započete buržoaskom revolucijom, morale su ostaviti traga i u ljudskim dušama,

---

[1] Cit. rad, str. 117.

pa nije ni malo slučajno što se ljubav u polnim odnosima počela začinjati već sa začinjanjem kapitalističkih produkcionih odnosa.

Sudbonosnu promenu u tom pravcu predstavljalo je pretvaranje **robne proizvodnje i razmene** u opštedruštveni produkcioni odnos, bez čega kapitalizam ne bi mogao ni nastati ni postojati. A sa slobodnom i ekvivalentnom razmenom roba kao višeg oblika biološke reprodukcije, nastala je i slobodna te ekvivalentna razmena polnih osećanja kao višeg oblika duševne reprodukcije ljudskih bića.

Umesto da se brutalnom prinudom bez ikakve naknade prisvajaju tuđi proizvodi, **slobodnom robnom razmenom** vrši se dobrovoljna i ekvivalentna razmena sopstvenih proizvoda, baš kao što se u polnim odnosima umesto prinudnog prisvajanja tuđeg tela, vrši slobodna i ekvivalentna razmena polnih osećanja, uz koju ide i dobrovoljno predavanje sopstvenog tela. Stoga je razumljivo što je zajedno sa pravom slobodne robne razmene i „...*brak iz ljubavi proglašen ljudskim pravom, i to ne samo pravom muškarca nego iznimno i pravom žene*"[1].

Bez **polne ravnopravnosti** polna ljubav se ne bi mogla ni zamisliti pošto podrazumeva uzajamno i podjednako predavanje suprotnih polova jednog drugom. Pri matrijarhatu inicijativu u polnim odnosima imala je žena, a pri patrijarhatu muškarac. U slobodnoj polnoj ljubavi inicijativa je obostrana, što je imanentno samoj uzajamnosti ljubavnih osećanja. I u samom seksualnom aktu

---

[1] dr Leon Žlebnik, cit. rad, str. 15.

prožetom ljubavnom igrom, inicijativu imaju obe strane, čime se, pored ostalog, i izdiže iznad prostog zadovoljenja golog nagona.

To što **u kapitalizmu** guši slobodnu polnu ljubav, guši i slobodnu robnu razmenu. Pretvaranjem ekvivalentne razmene u neekvivalentnu, da bi se vršilo nezasluženo prisvajanje tuđeg rada i vlasništva, kapitalistički monopolizam stvara ekonomsku osnovu i za pretvaranje ravnopravnih polnih odnosa u neravnopravne, da bi se bez uzvratnih polnih osećanja potkupljivalo i prisvajalo tuđe telo. Zato je umesto emocionalne, bila potrebna, seksualna revolucija, da bi se nedostatak polnih osećanja nadomestio polnom tehnikom.

Protivrečnosti kroz koje prolazi razvoj kapitalističkih produkcionih odnosa, prolazi i **razvoj polnih odnosa**, i bez njihovog razrešenja ne može biti ni slobodnog društva ni slobodne polne ljubavi. Da bi se neravnopravni polni odnosi pretvorili u ravnopravne, mora se neekvivalentna robna razmena pretvoriti u ekvivalentnu razmenu sopstvenog rada kao što se u uzvratnoj polnoj ljubavi razmenjuju sopstvena osećanja.

To, međutim, nije moguće bez zamene kapitala **znanjem** kao glavnim sredstvom društvene reprodukcije, i proizvodnog rada slobodnim stvaralaštvom kao glavnom reprodukcionom snagom. Polna ljubav može slobodno procvetati samo pri **slobodnom stvaralaštvu**, koje se baš kao ni ljubavna osećanja ne može monopolisati, otuđivati i prisvajati. Tek u takvom društvenom stanju u kojem caruje slobodno stvaralaštvo, može carevati i polna ljubav, koja je i sama oblik slobodnog stvaralaštva.

165

Kao takva, polna ljubav nije u tome pasivna strana, već je i sama **generator novih društvenih odnosa**, i upravo njihova generička osnova. Ona nije samo snažan motiv umetničkog i naučnog stvaranja nego je i neposredni pokretač društvenih promena, koje se vrše da bi se svom idolu pokazala društvena moć ili udovoljilo njegovim ličnim željama i prohtevima. Mnoge istorijske odluke donošene su u stanju ljubavnog zanosa, pa i pod direktnim uticajem omiljenih individua čija je moć proisticala samo iz emocionalne privlačnosti.

Identifikacija sa voljenom osobom je osnova **društvene identifikacije**, koja je u polnoj ljubavi najizvornija i najintenzivnija. Preokupacija polnim idolom je preokupacija drugom individuom, u kojoj se traži i pronalazi sopstveno generičko bića. Što se u trenucima ljubavnog zanosa misli samo na jednu jedinu osobu i u njenom prisustvu niko drugi ne primećuje[1], i što „...*nema mjesta nikakvom drugom interesu u okolnom svijetu kad je ljubavni odnos na svojem vrhuncu...*"[2], izraz je dubine generičkih veza kojima su ljudske individue međusobno povezane čak i kod opsesivne ljubavi gde nema emocionalne uzajamnosti.

Emocionalna preokupacija jednom jedinom individuom asocira na krajnju asocijativnost, ali to je samo jedna strana socijalizacije jer se generičke veze ne mogu razvijati po širini ako se ne razvijaju po dubini. U ljubavnim „...*čuvstvima i odnosima čovjek prerasta sebe i „stapa" se*

---

[1] Vidi: Liz Hotkinson, cit. rad, str. 28. i 124.
[2] Navod Frojda, Herbert Marcuse, cit. rad, str. 47.

sa životom i svijetom ljubljene osobe, a preko toga i sa svijetom i životom oko sebe uopće"[1].

Emocionalna privlačnost širi se u vidu koncentričnih talasa na sve što je u vezi sa voljenom osobom: na rodbinu, prijatelje, saradnike i same stvari, pa pod uticajem ljubavnih emocija, i Balzakova *„...Evgenija nađe neke sasvim nove draži u izgledu onih stvari koje su prije za nju bile tako obične"*[2]. Mesta ljubavnih sastajanja, zajedničkih šetnji i boravaka voljene osobe, kao i sve što na nju podseća, dobija karakterističnu emocionalnu boju: prijatnu ako je vezano za prijatne trenutke, ili neprijatnu pod uticajem neprijatnih doživljaja.

Zaljubljene osobe i na sve ostalo gledaju zaljubljeničkim očima, i pod uticajem ljubavnog zanosa prema svemu se zanesenjački odnose, ispoljavajući optimističku spremnost da ceo svet preurede prema svojim emocionalnim stremljenjima. Ko je u voljenoj osobi doživljavao i doživljava iskrenog prijatelja, predisponiran je da svima pristupa kao iskrenim prijateljima i da se prema svima prijateljski odnosi, a ko se u ljubav razočarao sklon je da na sve gleda s podozrenjem i nepoverenjem.

Sa tendencijom da prerasta u **opštu emocionalnu privlačnost**, polna ljubav utiče na opštedruštvenu humanizaciju međuljudskih odnosa, kojom se iz društvene reprodukcije potiskuju razni oblici društvene prinude. Što je više ljubavi i prijateljstva, a manje mržnje i neprijateljstva, sve su izlišniji oblici otuđene društvene svesti, kao što su

---

[1] dr Leon Žlebnik, cit. rad, str. 208.
[2] dr Marijan Košiček, cit. rad, str. 238.

pravo, moral i religija, kojima, se oslanjanjem na fizičku i duhovnu prinudu, uljuđuju međuljudski odnosi. Ukoliko jednoga dana svako svakome postane svoj, svako moralisanje i satanisanje postaće bespredmetno; i svi bogovi zemlje i neba izgubiće božanski oreol ukoliko svako svakome postane njegov, i svako bude svoj sopstveni bog.

Polna ljubav upravo čini izlišnim svako spoljašnje uljuđivanje polnih odnosa jer ih sama sobom **iznutra čini uljudnim**. Stoga ona izlišnim čini i sam brak kao otuđenu, na pravnim, moralnim i religijskim normama utemeljenu instituciju, koja će poželjnim utočištem ljubavi postati tek kad je više ne bude bilo! Brak, uostalom, nikad nije ni postojao zbog ljubavi i radi ljubavi, već zato što ljubavi nije bilo, a kad u braku ljubav neprikosnoveno zavlada, više braka neće biti. Umesto društvenom prinudom poduprtog braka, slobodna, na samoj ljubavi zasnovana polna zajednica predstavljaće osnovnu ćeliju slobodnog društvenog zajedništva.

UMESTO ZAKLJUČKA - SUGESTIJE

1. Ako ste srećno zaljubljeni (ako vam je ljubav uzvraćena), sreća u ljubavi najviše od vas zavisi;

2. Što ćete o ljubavi više znati, više ćete je imati;

3. Kao kod svake igre, tako i pravila ljubavne igre morate savladati da biste je uspešno igrali;

4. Ako ste srećno zaljubljeni, čuvajte ljubav kao zenicu oka svog;

5. Što imadnete od ljubavi imaćete od života;

6. Ne gubite glavu zbog ljubavi da ne biste izgubili i ljubav;

7. Da biste bili srećni u ljubavi, ne nadajte se previše ljubavnoj sreći;

8. Da biste bili srećni u ljubavi, ne razmišljajte previše o ljubavnoj sreći;

9. Ne gajite iluzije o idealnoj ljubavi;

10. Što od ljubavi možete imati i sutra, ne potrošite sve danas;

11. Prema voljenoj osobi se kao prema sebi odnosite;

12. Prema voljenoj osobi se odnosite kao što želite da se ona prema vama odnosi;

13. Voljenoj osobi činite sve što želite da ona vama čini;

14. Ne činite voljenoj osobi ništa što ne želite da ona vama čini;

15. Uvažavajte voljenu osobu kao što želite da ona vas uvažava;

16. Ako hoćete da vas voljena osoba uvažava, uvažavajte i vi nju;

17. Ako hoćete da se voljena osoba prilagođava vama, prilagođavajte se i vi njoj;

18. Ako hoćete da od svoje ljubavi dobijete sve, ne tražite ništa;

19. U ljubavi ne možete biti srećni ako ne usrećite objekt svoje ljubavi;

20. Ne insistirajte na dokazivanju ljubavi jer će se ona sama dokazivati i dokazati ako budete dovoljno strpljivi;

21. Potrudite se da shvatite i razumete svoju ljubav da bi ona vas shvatila i razumela;

22. Ne tražite od voljene osobe da misli i razmišlja kao što vi mislite i razmišljate;

23. Od voljene osobe nikada ne tražite ono što vam ne može dati;

24. Od voljene osobe ne očekujte više nego što joj možete dati;

25. Ne skrivajte od voljene osobe svoje želje, namere i planove;

26. Svoju ljubav dokazujte više delima nego rečima;

27. Voljenoj osobi ne obećavajte više nego što joj možete dati;

28. Prema voljenoj osobi se prirodno i spontano ophodite;

29. Ne tražite od voljene osobe da vam se kune i zaklinje u ljubav;

30. Umesto insistiranja na uzvratnim uveravanjima, sami se uveravajte u uzvratnu ljubav voljene osobe;

31. Ljubavne priče ljubavlju pričajte;

32. U ljubavi se manite i ponositosti i snishodljivosti;

33. Ne preterujte u verbalnim izlivima ljubavnih osećanja;

34. Voljenoj osobi se diskretno i suzdržano udvarajte;

35. O uzvratnoj ljubavi voljene osobe ne sudite jednostrano po tome da li se ponaša ili ne ponaša po vašoj želji;

36. Ne ograničavajte voljenoj osobi slobodu komuniciranja;

37. U ljubavi nikada ne otkrivajte sve karte;

38. Ako hoćete da se vaša ljubav trajno veže za vas, nikada je sami ne vezujte za sebe;

39. Da se sa voljenom osobom ne biste rastali nikad, rastajte se ponekad;

40. Odvajajte se od voljene osobe da biste se mogli ponovo spajati;

41. Ako nećete da budete rob svoje ljubavi, ne pravite od nje svog roba;

42. Da biste vladali emocijama voljene osobe, nastojte da suvereno vladate sopstvenim;

171

43. U ljubavi se ne poigravajte tuđim osećanjima da ne biste izigrali sopstvena;

44. Zbog sitnih hirova ne rizikujte ljubav;

45. U ljubavi ne terajte inat i ne prkosite voljenoj osobi;

46. Ne pokazujte svojoj ljubavi ljubomoru ni kad vas najviše mori;

47. Ne izazivajte ljubomoru voljene osobe;

48. Prave dokaze za ljubav ne tražite u seksu;

49. Kod voljene osobe ne insistirajte na seksu, već strpljivo čekajte trenutak spontanog predavanja;

50. Za sudbinu ljubavi ne strahujte zbog neuspešnosti prvog polnog akta;

51. Za vreme polnog akta skoncentrišite se na sam polni akt, i ne razmišljajte o drugim stvarima;

52. Ako vam u toku polnog akta popušta seksualni napon, pokušajte da ga pojačate maštovitim seksualnim predstavama;

53. U ljubavi više verujte očima nego rečima;

54. O ljubavi više sudite po delima nego po rečima;

55. Neka vas ne buni protivrečno ponašanje voljene osobe;

56. Ne reagujte brzopleto i lakomisleno na polne izazove;

57. Ne trudite se da oponašate, i ne oponašajte voljenu osobu;

58. Uvažavajte želju voljene osobe za samostalnošću da biste i sami bili samostalni, i da bi ljubav trajala;

59. Delite sa voljenom osobom zlo da biste delili dobro;

60. U ljubavi se uzdržavajte od prenagljenih reagovanja;

61. Ne sumnjajte u vernost zaljubljene osobe;

62. Pre nego što reagujete na nepoželjne poteze voljene osobe, zapitajte se za uzroke i razmislite o posledicama;

63. Prema izazovima ljubomore ravnodušno se odnosite;

64. Na ljubavni bes voljene osobe ne odgovarajte besom;

65. Zbog slučajnog neuspeha u seksu, ne sumnjajte u ljubav voljene osobe;

66. Zbog oklevanja ili odbijanja voljene osobe da vam se seksualno preda, ne očajavajte i ne sumnjajte u ljubav;

67. Ne očajavajte zbog seksualne nemoći voljene osobe i ne sumnjajte u njenu ljubav, već se raspitajte za uzroke;

68. Ne očajavajte ako vaša vatrena ljubav nije bezuslovno praćena seksualnim vatrometom;

69. Ljubavne jade ljubavlju lečite;

70. Ako niste sasvim sigurni u ljubav voljene osobe, bolje ćete se osećati ako uobražavate da postoji nego ako sumnjate;

71. Ako ste izgubili staru ljubav, umesto očajavanja potražite novu;

72. Ako vam ljubavna osećanja nisu uzvraćena, ne očajavajte zbog toga već potražite novu ljubav;

73. Ako ste jednostrano zaljubljeni, nastojte da u objektu svoje iluzorne ljubavi otkrijete nedostatke koji će pomoći vašem odljubljivanju;

74. Ne skrivajte ljubavne jade već potražite savet od roditelja i stručnjaka;

75. Ako rane od nesrećne ljubavi pokušavate zalečiti alkoholom ili drogom, još više ćete se unesrećiti;

76. Pre započinjanja, punog polnog opštenja pre braka dobro razmislite o mogućim posledicama i ne ulazite u rizike koji vas mogu koštati izgubljene ljubavi;

77. Ako se pri izboru bračnog druga dvoumite između ljubavi i bogatstva, odlučite se za ljubav - imaćete i bogatstvo;

78. Da biste sačuvali ljubav, ne stupajte u bezuslovni brak;

79. Ne sanjajte o ljubavnoj sreći u braku, već o srećnom braku u ljubavi;

80. Ako treba da birate između ljubavi bez braka, i braka bez ljubavi, radije se odlučite za ljubav bez braka;

81. Bolje unosite ljubav u brak nego brak u ljubav;

82. Ako sačuvate ljubav sačuvaćete i brak;

***

83. Ne ulazite u sve lične intimnosti bračnog druga;

84. Ne mešajte se u sve poslove bračnog druga;

85. Sve bračne probleme zajednički i ravnopravno rešavajte sa bračnim drugom;

86. Da biste u braku sačuvali ljubav, brigu o deci obavezno podelite sa bračnim drugom;

87. Dozvolite bračnom drugu da sam bira svoje društvo;

88. Ne kačite se uz bračnog druga kao „šipka uz bubanj";

89. Ne provodite ceo godišnji i dnevni odmor sa bračnim drugom;

90. Neverstvo bračnog druga samo očuvanjem ljubavi možete sprečiti;

91. Ako volite svog bračnog druga, više ćete voleti i svoju decu;

92. Ne pokušavajte da bračnu ljubav zamenite roditeljskom ljubavlju;

93. Ako deci želite sreću u životu, poželite im sreću u ljubavi;

94. Od dece ne tražite da polnu ljubav žrtvuju poslušnosti prema roditeljima;

95. Za budućnost svoje dece ne brinite ako vole već ako ne vole;

96. Ne sprečavajte polnu ljubav svoje dece već im savetima pomozite da razumno postupaju;

97. Ne unesrećujte svoju decu u ljubavi da ne biste unesrećili i sebe;

98. Ako deci ne dopustite da vole drugoga, neće voleti ni vas;

99. Ako vi niste bili srećni u ljubavi, dopustite svojoj deci da okuse ljubavnu sreću;

100. Umesto preklinjanja i nerazumnih zabrana, nesrećno zaljubljeno dete otrežnjavajte razumnim savetima.